3年

実力アップ 漢字練習ノート

教科書の順《じゅん》に練習《れんしゅう》できる！

特別《とくべつ》ふろく

光村図書版
完全準拠

年　　組	名前

「漢字練習ノート」はとりはずして使用できます。

もくじ

漢字練習ノート　光村図書版　国語3年

この本の使《つか》い方

- ✪教科書に出てくる漢《かん》字を、単《たん》元ごとに練習《れんしゅう》しましょう。
- ✪３年生で学習する漢字200字を、全《すべ》て出題《だい》しています。
- ✪全ての漢字を、正しく書けるようになれば、合格《ごうかく》です。

どきん　春風をたどって　(1)

/18問

第《だい》1回

☆ □にかん字を書きましょう。〔　〕には、かん字とひらがなを書きましょう。(☆は、新しいかん字のべつの読み方です。)

どきん

① □《し》を楽しむ。

② □□《ことば》のちょうし。

③ 国語を□□《がくしゅう》する。

④ ことばに□□《ちゃくもく》する。

⑤☆ ピアノを〔　《ならう》〕。

春風をたどって　(1)

⑥☆ きものを〔　《きる》〕。

⑦ □□□□《とうじょうじんぶつ》。

⑧ 気〔　《もち》〕をたしかめる。

⑨ □《たび》に出たい。

⑩ 白□□《いっしょく》の山々。

⑪ □□《おうごん》にかがやく。

⑫ 木のみをさがし〔　《はじめる》〕。

⑬ 森の中を〔　《すすむ》〕。

⑭☆ 夏休みに□□《とざん》をする。

⑮☆ 木に〔　《のぼる》〕。

⑯☆ □□《りょこう》にいく。

⑰☆ □《し》業式《ぎょうしき》。

⑱☆ みんなで□□《こうしん》する。

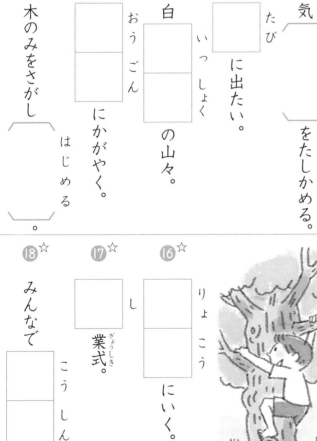

春風をたどって (2)
図書館たんていだん

第《だい》2回

/18問

✪ □にかん字をかきましょう。〔　〕には、かん字とひらがなをかきましょう。（☆は、新しいかん字のべつの読み方です。）

春風をたどって (2)

① □□《きょう》もねむっている。

② はなが〔　〕《うごく》。

③ 〔　〕《ふかい》しげみ。

④ いつもとちがう□□《ようす》。

⑤ □□《ひとり》ではできない。

⑥ 花ばたけの□□《くうき》。

⑦ □□《ものがたり》のさいご。

⑧ 四つの□□《ばめん》。

⑨ □□《ふたり》で見とれる。

⑩ テレビの□□《がめん》。

⑪☆ □□《どうぶつ》をかんさつする。

⑫☆ 川の□□《すいしん》をはかる。

⑬☆ 外国の□□《おうさま》。

図書館たんていだん

⑭ □□□《としょかん》に行く。

⑮ □□《ばんごう》で分ける。

⑯ 本について〔　〕《しらべる》。

⑰☆ まほうつかいの□《やかた》。

⑱☆ 肉を□□《ちょうり》する。

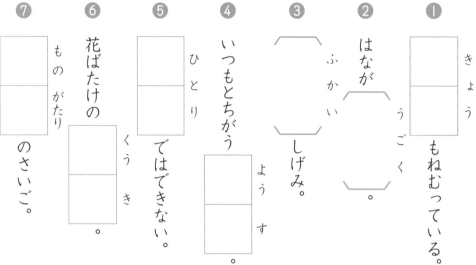

国語辞典《じてん》を使おう

/20問

第《だい》3回

☆ □にかんじを書きましょう。〔　〕には、かんじとひらがなを書きましょう。(☆は、新しいかんじのべつの読み方です。)

1 国語辞典《じてん》を〔　　〕《つかう》。

2 〔　　〕《とい》をもつ。

3 言葉の□□《いみ》。

4 □《みずうみ》の色。

5 □□《かんじ》で書きあらわす。

6 □□《じゆう》時間。

7 〔　　〕《あたたかい》スープ。

8 あま□《ざけ》を飲《の》む。

9 算数の□□《もんだい》。

10 新□□《はつばい》のおかし。

11 □□《にんぎょう》であそぶ。

12 □□《ぶんしょう》のまちがい。

13 さか道でも□□《へいき》だ。

14☆ はさみを□□《しよう》する。

15☆ おもちゃの□《とん》屋《や》。

16☆ いちご□《あじ》のおかし。

17☆ □□《きおん》が上がる。

18☆ 家でうめ□《しゅ》を作る。

19☆ □《ひら》がなで書く。

20☆ 〔　　〕《たいら》な土地。

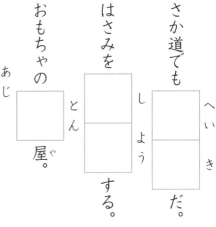

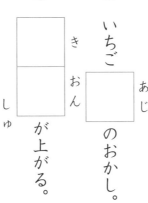

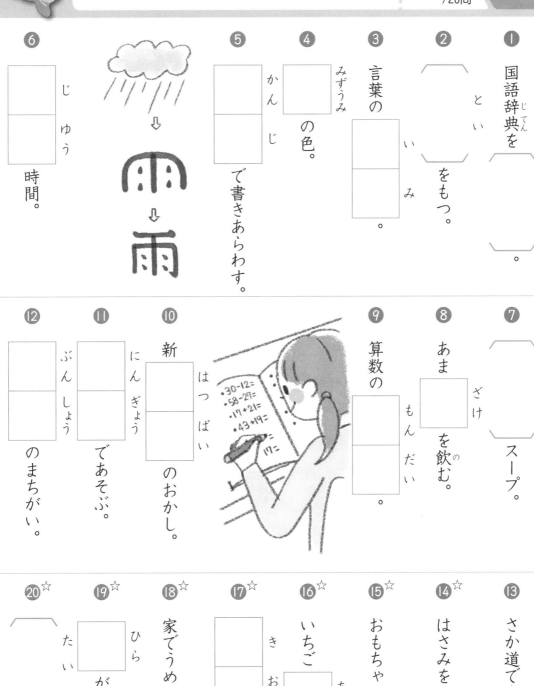

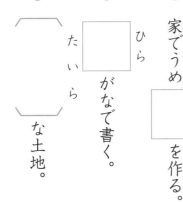

漢字の広場①　2年生で習った漢字

第《だい》4回

/20問

☆ □に漢字を書きましょう。〔　〕には、漢字とひらがなを書きましょう。

① 〔　〕《つよい》風がふく。

② 気が〔　〕《よわい》人。

③ □□《じかん》をたずねる。

④ 人が〔　〕《すくない》。

⑤ チケットを〔　〕《かう》。

⑥ えきの□□《ばいてん》。

⑦ つばさを〔　〕《ひろげる》。

⑧ □□《きいろ》いぼうし。

⑨ □□《にとう》のライオン。

⑩ □《うし》が草を食べる。

⑪ からすが〔　〕《なく》。

⑫ 〔　〕《たかい》山に登る。

⑬ 雨の日が〔　〕《おおい》。

⑭ □《うま》が走る。

⑮ クッキーを〔　〕《うる》。

⑯ お寺の□《もん》。

⑰ 友だちと〔　〕《おなじ》ふく。

⑱ □《くび》をかしげる。

⑲ 〔　〕《ながい》ひも。

⑳ くじゃくの□《はね》。

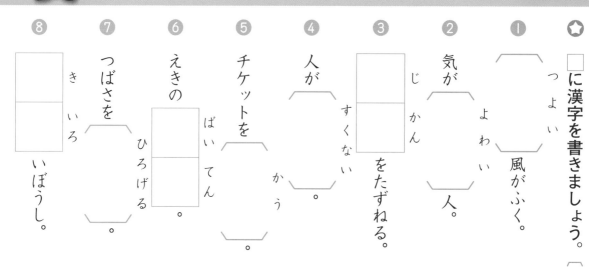

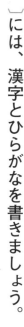

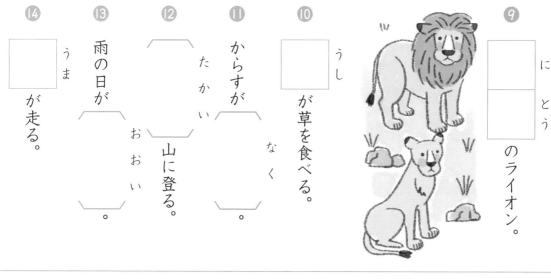

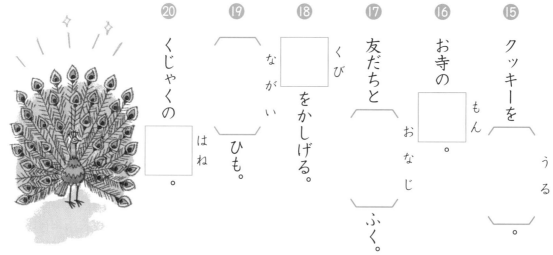

もっと知りたい、友だちのこと きちんとつたえるために 漢字《かん》の音《おん》と訓《くん》 (1)

第《だい》5回

/15問

☆ □に漢字を書きましょう。〔　〕には、漢字とひらがなを書きましょう。（☆は、新しい漢字のべつの読み方です。）

もっと知りたい、友だちのこと

1 知らせることを〔　　〕《きめる》。

2 家での□□□《できごと》。

3 話の□□《ちゅうしん》。

4 えんぴつを〔　　〕《おとす》。

5☆ □□《けつい》をしめす。

6☆ □□《だいじ》だと思う。

7☆ □□《らくご》を聞く。

きちんとつたえるために

8 □□《あいて》につたえる。

9 □□《ようふく》を着る。

10 お□《かあ》さんと話す。

11 □□《とうよう》の国々。

漢字の音《おん》と訓《くん》 (1)

12 □《つぎ》の文を読む。

13 □□《ちょうしょく》のパン。

14 □□《そうちょう》にさんぽする。

15☆ 教科書の□□《もくじ》。

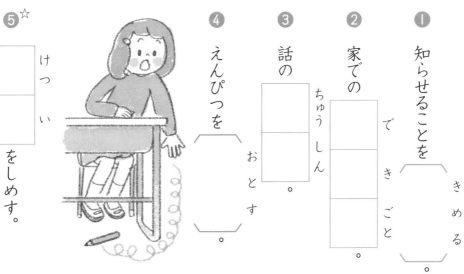

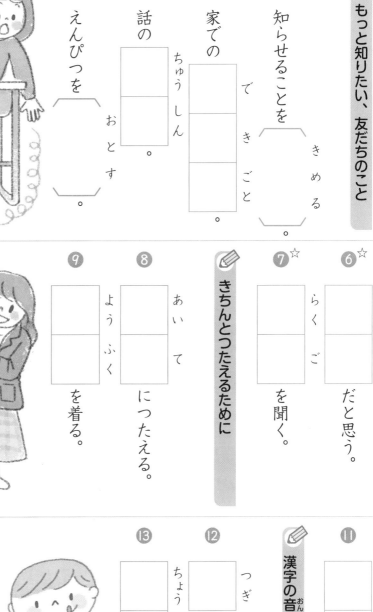

漢字の音《おん》と訓《くん》 (2)

/18問

第《だい》6回

☆ □に漢字を書きましょう。〔　〕には、漢字とひらがなを書きましょう。（☆は、新しい漢字のべつの読みかたです。）

1 高くなっている□《ところ》。

2 □□《けんどう》を通る。

3 □□《ゆうめい》な店。

4 □□《にっこう》がてらす。

5 □《こおり》でひやす。

6 五時を□□《いっぷん》すぎる。

7 六十□《びょう》数える。

8 みかん□□《のうか》。

9 □□《しごと》をする。

10 □□《やきゅう》チーム。

11 ゆうびん□《きょく》に行く。

12 計算の□□《しかた》を習う。

13 □□《ちきゅう》は丸い。

14 テレビ□《きょく》を見学する。

15☆ 広い□□《ばしょ》。

16☆ 〔　〕《ある》か無《な》いか。

17☆ □□《ひょうざん》の一角。

18☆ □《たま》ひろいをする。

漢字の広場②　2年生で習った漢字

第《だい》7回

/20問

☆ □に漢字を書きましょう。〔　〕には、漢字とひらがなを書きましょう。

① 西の□□（ほうがく）。

② 店の前を〔　〕（とおる）。

③ □（たに）をわたる。

④ □□□（いっぽんみち）を進む。

⑤ □□（げんき）な人。

⑥ □□（ちず）の記号。

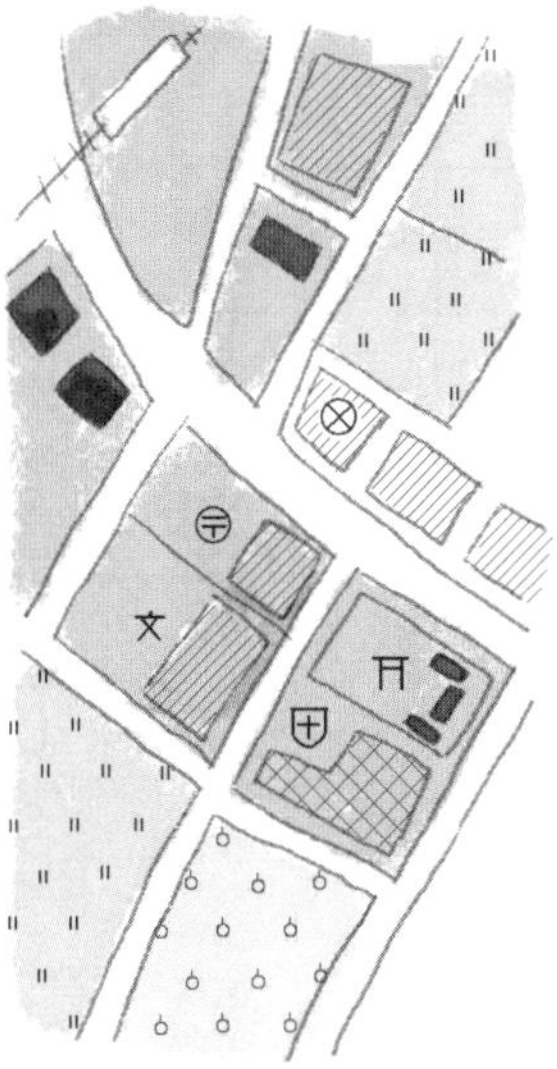

⑦ □□（しんゆう）と話す。

⑧ 〔　〕（ふとい）えだ。

⑨ なんだか〔　〕（こころぼそい）。

⑩ つなを〔　〕（ひく）。

⑪ 大きな□（いわ）。

⑫ 学校から〔　〕（かえる）。

⑬ くじに〔　〕（あたる）。

⑭ 星が〔　〕（ひかる）。

⑮ 広い庭《にわ》のある□（いえ）。

⑯ □（と）をしめる。

⑰ しょうぎの□□（てんさい）。

⑱ 〔　〕（まるい）風船《ふうせん》。

⑲ 歩いて〔　〕（いく）。

⑳ 先生に〔　〕（あう）。

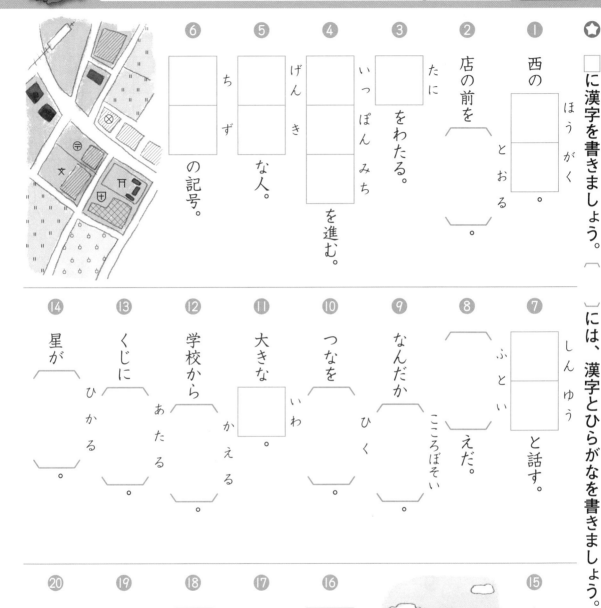

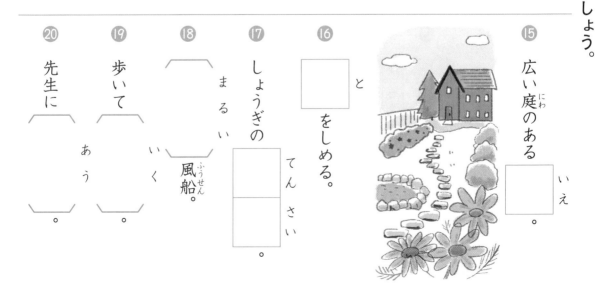

[れんしゅう]文様《もんよう》　こまを楽しむ

/20問

第《だい》8回

☆ □に漢字を書きましょう。〔　〕には、漢字とひらがなを書きましょう。（☆は、新しい漢字のべつの読み方です。）

[れんしゅう]文様《もんよう》

1 □□《ぜんたい》と中心。

2 こま〔　〕《あそび》をする。

3 新しい□□《はっけん》。

4 様子を〔　〕《あらわす》。

5☆ 〔　〕《まったく》知らない。

6☆ 〔　〕《すべて》の人々。

7☆ □□□《ゆうえんち》。

8☆ 本の□□《ひょうし》。

9☆ □《おもて》とうら。

こまを楽しむ

10 □《むかし》からある話。

11 □□□《せかいじゅう》に広がる。

12 こま回しが〔　〕《おこなわれる》。

13 □《もと》の色とかわる。

14 こまを回す〔　〕《はやさ》。

15 こまの□《よこ》のあな。

16 □《ゆび》でつまむ。

17 □□《じょうず》にたたく。

18 □《てつ》でできている。

19 □□《あんてい》したつくり。

20☆ さんまが〔　〕《やすい》。

気持ちをこめて、「来てください」
漢字の広場③　2年生で習った漢字

/20問

第《だい》9回

☆ □に漢字を書きましょう。〔　〕には、漢字とひらがなを書きましょう。（☆は、新しい漢字のべつの読み方です。）

気持ちをこめて、「来てください」

1. □□□《うんどうかい》。
2. □□《よてい》を立てる。
3. 六月□□《ついたち》。
4. 八十メートル□《そう》。
5. 小学校に〔　　〕《かよう》。

6. ゆうびんで〔　　〕《おくる》。
7. □□《じゅうしょ》とあて名。
8. ☆ダンボールを〔　　〕《はこぶ》。
9. ☆東京に〔　　〕《すむ》。

漢字の広場③

10. □□《にっき》をつける。
11. □□《こんしゅう》の天気。
12. 遠足が〔　　〕《たのしみ》だ。
13. □□《ごご》九時にねる。
14. すきなテレビ□□《ばんぐみ》。
15. □《いもうと》とおやつを食べる。
16. しずかな□《よる》。
17. □□《はんぶん》のこす。
18. よく晴れた□《あさ》。
19. そうじ□□《とうばん》になる。
20. 次の□□□《にちようび》。

まいごのかぎ

/20問

第《だい》10回

☆ □に漢字を書きましょう。〔　〕には、漢字とひらがなを書きましょう。（☆は、新しい漢字のべつの読みかたです。）

1 絵の□《ぐ》をまぜる。

2 かぎを〔　　〕《ひろい》上げる。

3 交番に〔　　〕《むかう》。

4 ゆるい□《さか》を下る。

5 四角い□□《かなぐ》。

6 紙を〔　　〕《まるく》切る。

7 □□《ひめい》を上げる。

8 □□《みどりいろ》のベンチ。

9 おうだん□□《ほどう》。

10 魚の〔　　〕《ひらき》。

11 かもめが□《は》ばたく。

12 □□《かいがん》通りをいそぐ。

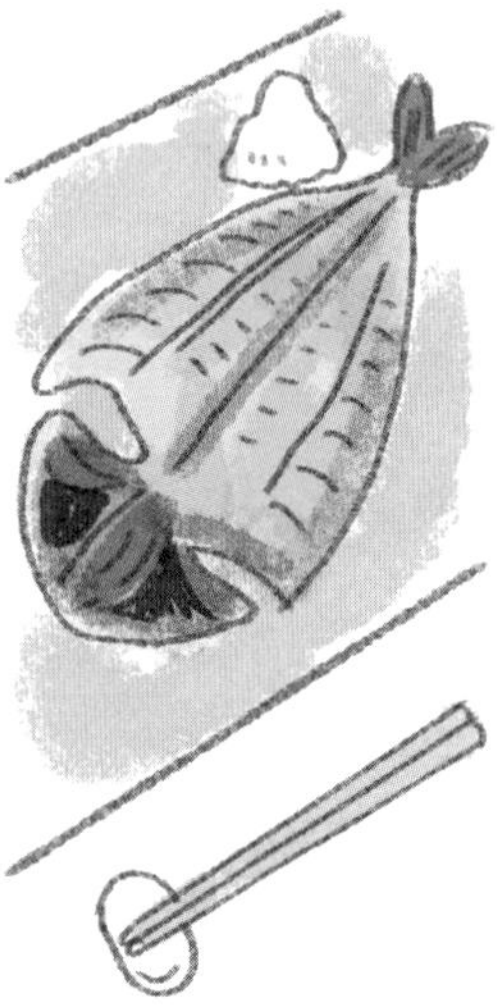

13 いつもの□□《ろせん》で帰る。

14 ふしぎに□《かん》じる。

15 出来事に□《たい》する考え。

16☆ 進行□□《ほうこう》をかえる。

17☆ 〔　　〕《かなしい》気持ち。

18☆ □□《りょくちゃ》をいれる。

19☆ しあいを□□《かいし》する。

20☆ まどを〔　　〕《あける》。

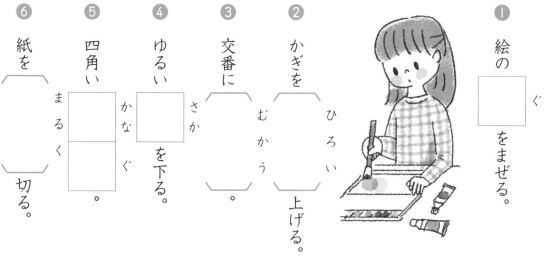

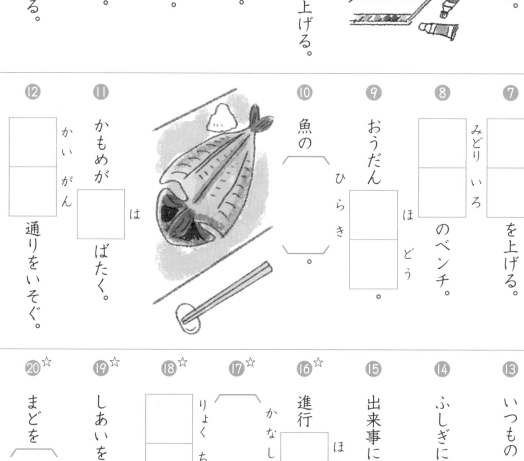

俳句《はいく》を楽しもう
こそあど言葉を使いこなそう

/17問

第《だい》11回

★ □に漢字を書きましょう。〔　〕には、漢字とひらがなを書きましょう。（☆は、新しい漢字のべつの読み方です。）

俳句《はいく》を楽しもう

1 ことばの□□《ちょうし》。

2 ことばを□《く》切る。

3 □《ひがし》の空。

4 □□《たいよう》が西にしずむ。

5 リズムを〔　　〕《ととのえる》。

6 □《か》詞《し》を読む。

7 詩の□□《いちぶ》。

8☆ 本だなを□□《せいり》する。

こそあど言葉を使いこなそう

9 □□《きんじょ》の公園。

10 海で〔　　〕《およぐ》。

11 漢字の□□《れんしゅう》。

12 先生からの□□《じょげん》。

13 □□《どうわ》を読む。

14 さんかを〔　　〕《もうし》こむ。

15☆ □□《すいえい》教室。

16☆ 計画《かく》を〔　　〕《ねる》。

17☆ けが人を〔　　〕《たすける》。

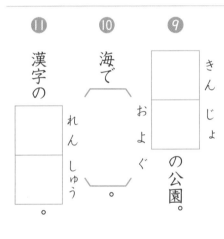

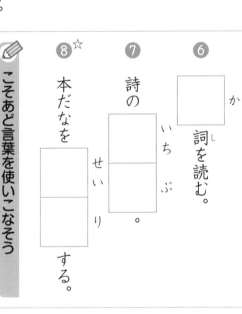

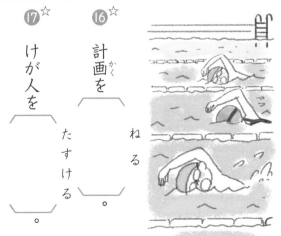

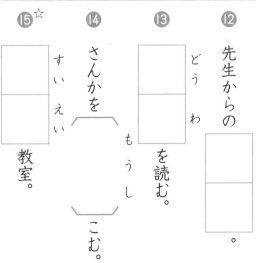

[じょうほう]引用するとき 仕事のくふう、見つけたよ 符《ふ》号など　(1)

第《だい》12回

/17問

☆ □に漢字を書きましょう。〔〕には、漢字とひらがなを書きましょう。（☆は、新しい漢字のべつの読み方です。）

[じょうほう]引用するとき

1 言葉を□□《いんよう》する。

2 □《しゅっ》典《てん》をしめす。

仕事のくふう、見つけたよ

3 □□《おとな》と子ども。

4 □□《しょくひん》を売る。

5 □□《しょうひん》をせんでんする。

6 お□□《きゃくさま》が通る。

7 総《そう》□《ごう》的《てき》な学習。

8 □□《しょうてん》がならぶ。

9☆ □□《しなもの》をつつむ。

符《ふ》号など　(1)

10 句《く》□□《とうてん》をうつ。

11 □□□《にゅうがくしき》の日。

12 □□《せいてん》にめぐまれる。

13 □□《ことし》の夏休み。

14 □□《きょねん》の冬。

15 □□《にばい》のねだん。

16☆ あらしが〔　　〕《さる》。

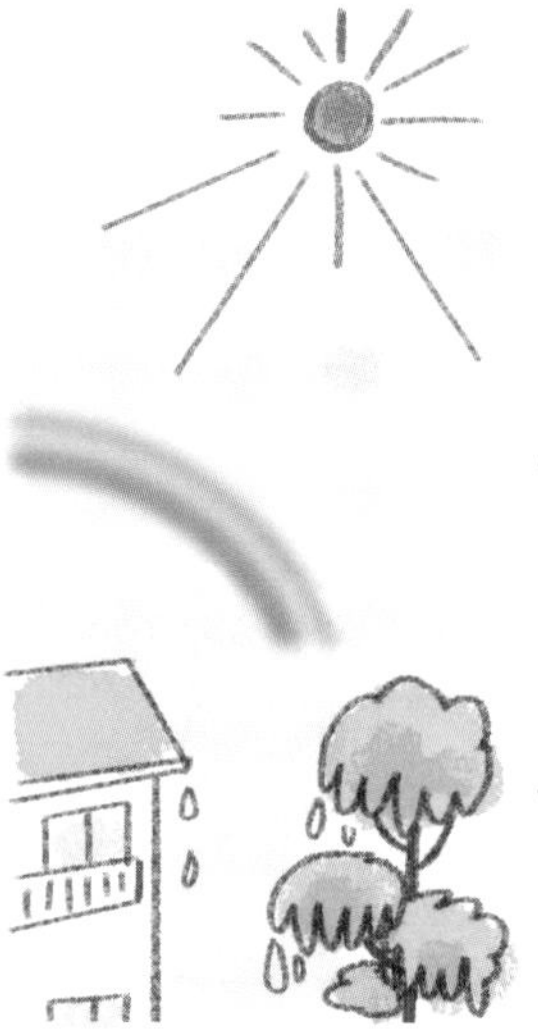

17☆ 過《か》□《こ》のできごと。

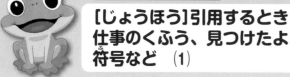

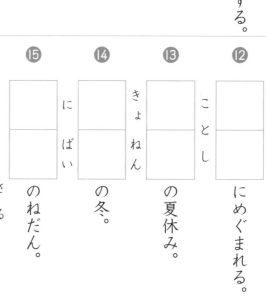

符《ふ》号など　(2)／きせつの言葉2　夏のくらし　本で知ったことをクイズにしよう　鳥になったきょうりゅうの話

/14問

第《だい》13回

☆ □に漢字を書きましょう。〔　〕には、漢字とひらがなを書きましょう。（☆は、あたらしい漢字のべつの読み方です。）

符《ふ》号など　(2)

1 □□《もうひつ》で書く。

2 □□《ぎんこう》へ出かける。

3 □□《どうじ》に家を出る。

4 図形を作る□□《ちょくせん》。

5 夏休みの□□《ふつか》目。

きせつの言葉2

6☆ □□《えふで》をあらう。

7 □□《しらたま》を食べる。

本で知ったことをクイズにしよう

8 〔　　〕《あらた》なちしき。

9 □□《しょくぶつ》図鑑《かん》。

鳥になったきょうりゅうの話

10 なかまを〔　　〕《あつめる》。

11 きょうりゅうの□□《かせき》。

12 □□《じめん》の上。

13 ほとんど〔　　〕《しに》たえる。

14 □□《つごう》がいい。

わたしと小鳥とすずと／夕日がせなかをおしてくる
こんな係がクラスにほしい／ポスターを読もう
書くことを考えるときは／漢字の組み立て　(1)

●勉強した　日　　月　　日

第《だい》14回

/16問

□に漢字を書きましょう。〔　〕には、漢字とひらがなを書きましょう。（☆は、新しい漢字のべつの読み方です。）

わたしと小鳥とすずと

1 □□《りょうて》をひろげる。

夕日がせなかをおしてくる

2 しあいで〔　　〕《まける》。

こんな係がクラスにほしい

3 □《かかり》の仕事。

4 □□《ぜんいん》が意見を出す。

5☆ 外国との関《かん》□《けい》。

ポスターを読もう

6 お〔　　〕《まつり》に行く。

書くことを考えるときは

7 □□□《のうさぎょう》。

漢字の組み立て　(1)

8 □□《てっぱん》で肉をやく。

9 □□□《はごいた》をかざる。

10 □□《でんちゅう》がならぶ。

11 古い□□□《はしらどけい》。

12 □□《きゅうじつ》の予定。

13 □□《ゆでん》の発見。

14 □□《あぶらえ》をかく。

15 去年□□《かいこう》したみなと。

16 ここは□□《みなとまち》だ。

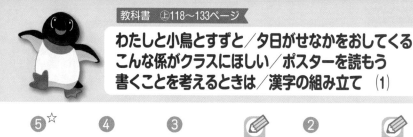

漢字の組み立て (2) ローマ字

第《だい》15回

/20問

☆ □に漢字を書きましょう。

漢字の組み立て (2)

❶ □□《めぐすり》をさす。

❷ □□《やくそう》をつむ。

❸ □□《くさぶえ》をふく。

❹ 船の□□《きてき》が鳴る。

❺ □□《うんかい》を見下ろす。

❻ 真《ま》っ白な□□《しんせつ》。

❼ 足元に□□《ちゅうい》する。

❽ □□《わるもの》をたいじする。

❾ □□《あくじ》をはたらく。

❿ けむりを□□《かんち》する。

⓫ 本の□□《ばいばい》。

⓬ しんけんに□□《しょうぶ》する。

⓭ □□《こうだい》な土地。

⓮ □□《しゃこ》から出る。

⓯ □□《まぢか》にせまる。

ローマ字

⓰ ローマ字で□□《にゅうりょく》する。

⓱ ラジオの□□《でんぱ》。

⓲ 五時に□□《きしゃ》する。

⓳ 番組を□□《ほうそう》する。

⓴ まじめに□□《べんきょう》する。

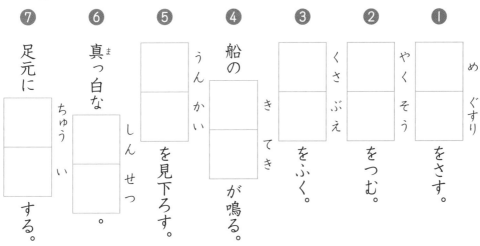

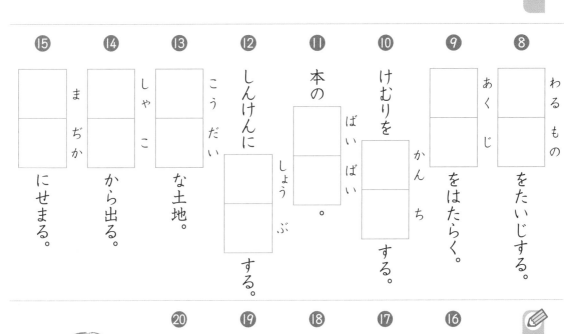

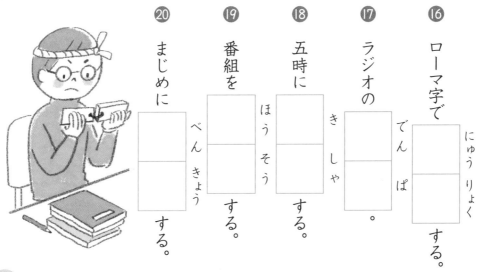

ちいちゃんのかげおくり

/22問

第16回

☆ □に漢字を書きましょう。〔 〕には、漢字とひらがなを書きましょう。（☆は、新しい漢字のべつの読み方です。）

1. □□《かんそう》を書く。
2. お□《とう》さんがつぶやく。
3. お□《にい》ちゃんがききかえす。
4. 記念《ねん》□□《しゃしん》。
5. □□《れっしゃ》にのる。
6. □《ち》がでる。
7. 〔　　〕《くらい》部屋《へや》。
8. □《はし》の下に集まる。

9. 〔　　〕《あつい》一日。

10. 〔　　〕《さむい》ような気がする。
11. 体が〔　　〕《かるい》。
12. 小さな女の子の□《いのち》。
13. □□□□《だいいちばめん》。
14. 理由を〔　　〕《あきらか》にする。

15. ☆ ノートに書き〔　　〕《うつす》。
16. ☆ けがをして□□《しゅっけつ》する。
17. ☆ 九九を□□《あんき》する。
18. ☆ □□□《ほどうきょう》をわたる。
19. ☆ □□《しょちゅう》見まいのはがき。
20. ☆ 北から□□《かんき》が来る。
21. ☆ □□《けいしょく》をとる。
22. ☆ 一生けん□《めい》練習する。

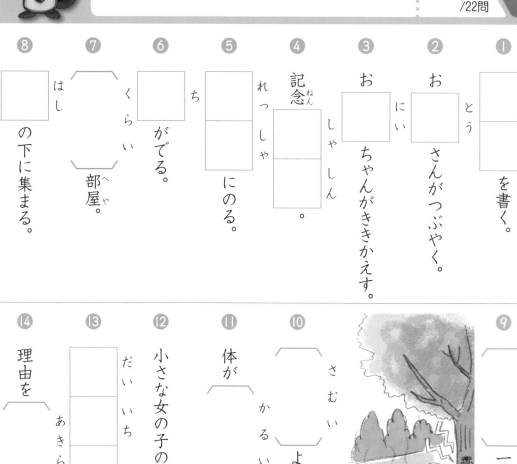

修飾語《しゅうしょく》を使って書こう
きせつの言葉3　秋のくらし

第17回

/16問

☆ □に漢字を書きましょう。〔　〕には、漢字とひらがなを書きましょう。（☆は、新しい漢字のべつの読み方です。）

修飾語《しゅうしょく》を使って書こう

① 文章を読み〔　　〕《かえす》。

② □□《しゅご》と述《じゅつ》語。

③ □□《あす》は雨だろう。

④ □□《きゅうしゅう》へ行く。

⑤ □□《ふうせん》がとぶ。

⑥ 家の□□《やね》。

⑦ □□《にもつ》を運ぶ。

⑧ やくそくを〔　　〕《まもる》。

⑨ くらしに□《やく》立つ。

⑩☆ □□《へんじ》をする。

⑪☆ かばんの持ち□《ぬし》。

⑫☆ □《おも》な理由。

⑬☆ デパートの□□《おくじょう》。

⑭☆ □□《だいこん》を切る。

⑮☆ □《しゅ》備《び》につく。

きせつの言葉3

⑯ □□《しんまい》を食べる。

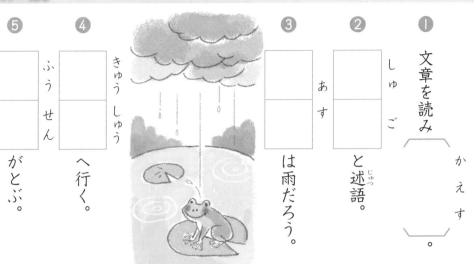

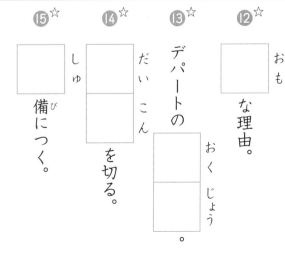

すがたをかえる大豆
ことわざ・故《こ》事成《せい》語

第18回 /20問

□に漢字を書きましょう。〔 〕には、漢字とひらがなを書きましょう。（☆は、新しい漢字のべつの読み方です。）

すがたをかえる大豆

1 □□《だいず》を食べる。
2 十分に〔　〕《そだつ》。
3 □□《しょうか》がよくない。
4 えいようを〔　〕《とり》出す。
5 とり入れる□□《じき》。
6 □《はたけ》の肉。
7 文章の〔　〕《おわり》。
8☆ □《まめ》まきをする。

9☆ □□《たいいく》がすきだ。
10☆ 火が〔　〕《きえる》。
11☆ □□《しゅうてん》まで行く。

ことわざ・故《こ》事成《せい》語

12 わらう門《かど》には□《ふく》来たる
13 善《ぜん》は〔　〕《いそげ》
14 早〔　〕《おき》は三文《もん》の徳《とく》
15 わかいときの□《く》労《ろう》。
16 □□《たしょう》のちがい。
17 〔　〕《まち》合わせをする。
18 みんなで□□《そうだん》する。
19☆ この薬は〔　〕《にがい》。
20☆ おみやげを□□《きたい》する。

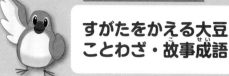

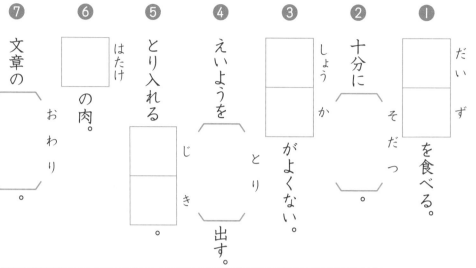

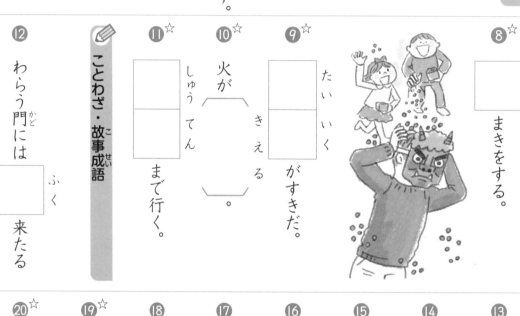

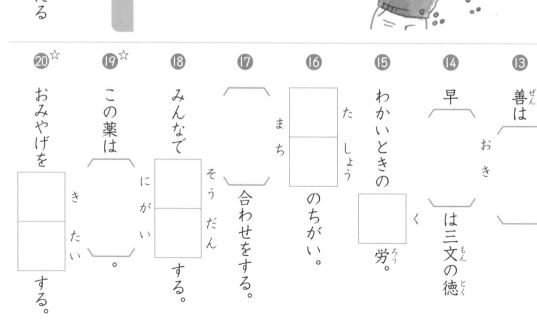

漢字の意味
短歌を楽しもう

第19回　/18問

☆ □に漢字を書きましょう。〔　〕には、漢字とひらがなを書きましょう。（☆は、新しい漢字のべつの読み方です。）

漢字の意味

1. ぞうの□《はな》は長い。
2. □《は》をみがく。
3. 漢字とかなを〔　　〕《まぜる》。
4. 広場の□□《ちゅうおう》に立つ。
5. 家の□□《にかい》に上がる。
6. わたしの□□《へや》。
7. □□《けさ》の天気。
8. 図書□□□《いいんかい》。
9. □□□□《がっきゅうしんぶん》。
10. □□《しょうわ》生まれ。
11. □《えき》で電車に乗《の》る。
12. 勉強を〔　　〕《おそわる》。
13. りんごの□《かわ》むきをする。

14. □《さら》あらいをする。
15. ☆ 父は□□《しか》医《い》だ。
16. ☆ □《ひ》ふに薬をぬる。

短歌を楽しもう

17. □□《たんか》を楽しむ。
18. ☆ そでが〔　　〕《みじかい》。

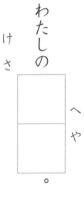

漢字の広場④　2年生で習った漢字　三年とうげ　(1)

/18問

第20回

☆ □に漢字を書きましょう。〔　〕には、漢字とひらがなを書きましょう。（☆は、あたらしい漢字のべつの読み方です。）

漢字の広場④

① 山の□□□《てんもんだい》。

② □□《かっき》のある町。

③ □□《てんすう》をつける。

④ □□《ひろば》を歩く。

⑤ □□《いちば》で魚を買う。

⑥ □□□《じどうしゃ》に乗《の》る。

⑦ 〔　　〕《あたらしい》筆箱《ばこ》。

⑧ □□《せんろ》がつづく。

⑨ 〔　　〕《ふるい》寺。

⑩ □□《こうばん》のおまわりさん。

⑪ □《にし》の空が赤くそまる。

⑫ 電車が〔　　〕《はしる》。

⑬ □《きた》の方で雪がふる。

三年とうげ　(1)

⑭ ため□《いき》が出る。

⑮ 〔　　〕《うつくしく》色づく。

⑯ とうげで〔　　〕《ころぶ》。

⑰ 〔　　〕《まっさお》になる。

⑱☆ こまが□□《かいてん》する。

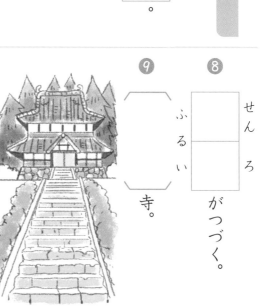

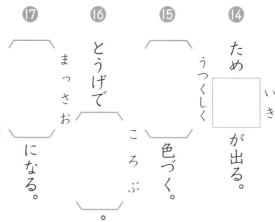

三年とうげ (2)
わたしの町のよいところ

☆ □に漢字を書きましょう。〔　〕には、漢字とひらがなを書きましょう。(☆は、新しい漢字のべつの読み方です。)

三年とうげ (2)

1 □□《びょうき》になる。

2 □□《いしゃ》をよぶ。

3 ジュースを〔　〕《のむ》。

4 びょうきが〔　〕《おもい》。

5 みんなが□□《しんぱい》する。

6 もう□□《いちど》転ぶ。

7 〔　〕《しあわせ》にくらす。

8☆ □《やまい》は気から

9☆ □□《いんしょく》店ではたらく。

10☆ □□《たいじゅう》をはかる。

11☆ 本を〔　〕《かさねる》。

12☆ プリントを〔　〕《くばる》。

13☆ □□《こううん》がおとずれる。

14☆ 〔　〕《さいわい》けがはなかった。

わたしの町のよいところ

15 人と□□《こうりゅう》する。

16 小さな□□□《すいぞくかん》。

17 □□□《こうこうせい》。

18☆ 川が〔　〕《ながれる》。

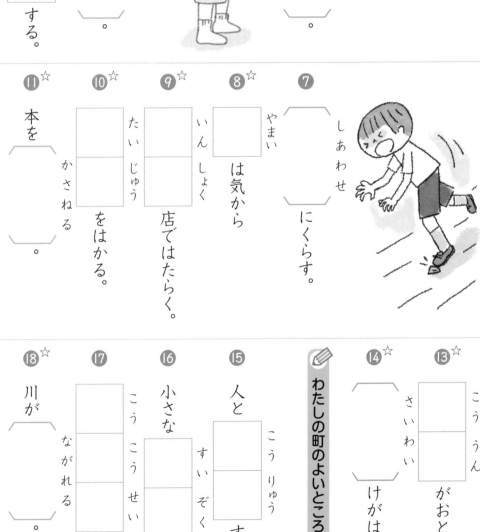

カンジーはかせの音訓《おんくん》かるた (1)

/22問

第22回

☆ □に漢字を書きましょう。〔 〕には、漢字とひらがなを書きましょう。（☆は、新しい漢字のべつの読み方です。）

1. □□□《にっきちょう》に書く。
2. □□□《ちよがみ》をおる。
3. 右に〔　　〕《まがる》。
4. ボールを〔　　〕《なげる》。
5. すばらしい□□《とうしゅ》。
6. □□《せきたん》がもえる。

7. ふわふわの□□《ようもう》。
8. □《ひつじ》のむれ。
9. □《やど》にとまる。
10. 算数の□□《しゅくだい》。
11. □□《ちゅうしょく》をとる。
12. とうふを□□《いっちょう》買う。
13. □□□《みやだいく》の仕事。
14. 大きな□□《じいん》。
15. お□《れい》の言葉。
16. □□《びょういん》で薬をもらう。
17. ☆ ピッチャーの□□《こうたい》。
18. ☆ クラスの□□《だいひょう》。
19. ☆ 当番を〔　　〕《かわる》。
20. ☆ なだらかな□□《きょくせん》。
21. ☆ □《すみ》に火をつける。
22. ☆ りっぱな□□《おうきゅう》。

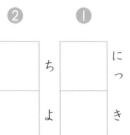

カンジーはかせの音訓《おんくん》かるた (2)
漢字の広場⑤　2年生で習った漢字

/20問

第23回

☆ □に漢字を書きましょう。〔　〕には、漢字とひらがなを書きましょう。（☆は、新しい漢字のべつの読み方です。）

カンジーはかせの音訓《おんくん》かるた (2)

1. □□《じょうとう》なお肉。
2. 人数が〔　　〕《ひとしい》。
3. 人の意見に□□《はんたい》する。
4. 〔　　〕《そり》が合う。
5. ぼくと□《きみ》。
6. バスに〔　　〕《のる》。
7. □□《びょうどう》に分ける。

漢字の広場⑤

8. ☆ 田中《たなか》□《くん》と話す。
9. ☆ □□《じょうしゃ》けんを買う。
10. かん□□《でんち》を使う。
11. じっくり〔　　〕《かんがえる》。
12. はさみで〔　　〕《きる》。
13. きれいな□□《うたごえ》。
14. □□□《がようし》を広げる。
15. □□《こくばん》の字を消す。

16. □□《にっちょく》の仕事。
17. 手をあげて□□《はつげん》する。
18. □□《けいさん》問題をとく。
19. クレヨンで□《え》をかく。
20. しつ問に〔　　〕《こたえる》。

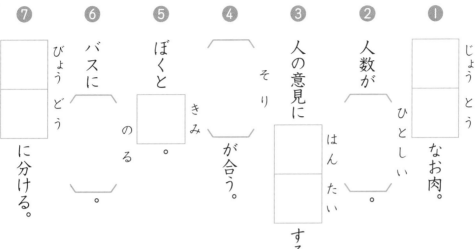

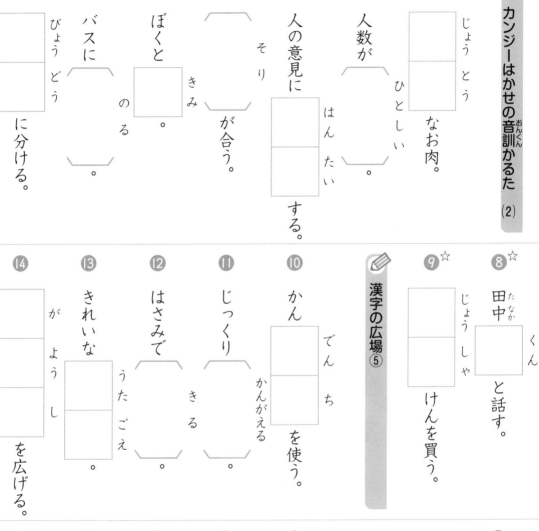

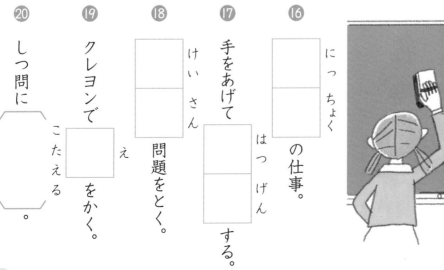

ありの行列／つたわる言葉で表そう
たから島のぼうけん
お気に入りの場所、教えます

第24回　/14問

☆ □に漢字を書きましょう。〔　〕には、漢字とひらがなを書きましょう。（☆は、新しい漢字のべつの読み方です。）

ありの行列

① □《にわ》や公園のすみ。

② 道すじから〔　〕《はずれる》。

③ 〔　〕《ゆく》手をさえぎる。

④ 〔　〕《こまか》に調べる。

⑤ ありの□□《けんきゅう》。

⑥ 線が〔　〕《まじわる》。

⑦☆ □□《こうてい》で遊ぶ。

つたわる言葉で表そう

⑧ ホームランを〔　〕《うつ》。

⑨ 言葉から〔　〕《うける》感じ。

⑩☆ するどい□□《だきゅう》。

たから島のぼうけん

⑪☆ 兄が中学を□《じゅ》験《けん》する。

⑫ 南の□《しま》。

⑬☆ 日本□□《れっとう》。

お気に入りの場所、教えます

⑭ 声の□□《きょうじゃく》。

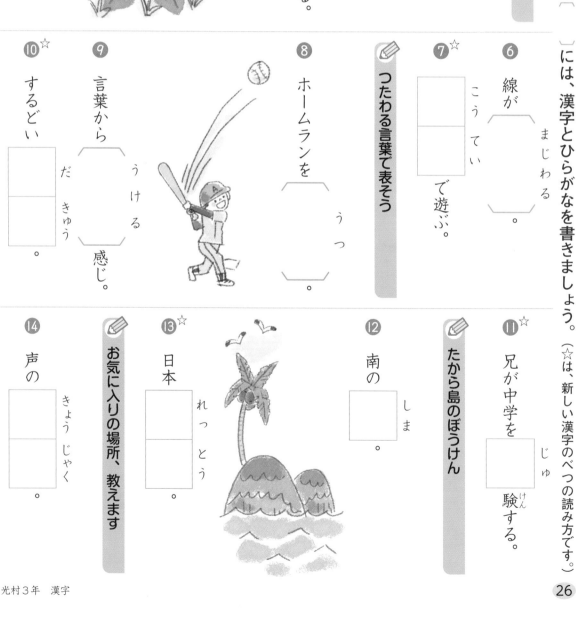

モチモチの木

/20問　第25回

☆ □に漢字を書きましょう。〔　〕には、漢字とひらがなを書きましょう。（☆は、新しい漢字のべつの読み方です。）

① 後ろから〔　〕《おい》かける。

② 茶色い□《み》。

③ 霜月《しもつき》の□□□《はつか》。

④ □□《こんや》は灯《ひ》がともる。

⑤ 山の□□《かみさま》のお祭り。

⑥ □□《くすりばこ》を持つ。

⑦ 〔　〕《あかり》がつく。

⑧ あつい□《ゆ》につかる。

⑨ □□《たにん》がびっくりする。

⑩ 自分□□《じしん》。

⑪ その□《た》の意見。

⑫ □□《ぜんしん》がうつるかがみ。

⑬☆ 注文を□《つい》加《か》する。

⑭☆ □□《じじつ》をたしかめる。

⑮☆ どりょくが〔　〕《みのる》。

⑯☆ □□《じんじゃ》でおまいりする。

⑰☆ 日本の□□《しんわ》。

⑱☆ 熱《ねっ》□《とう》を注ぐ。

⑲☆ □《ほか》の意見。

⑳☆ □《み》の回りのもの。

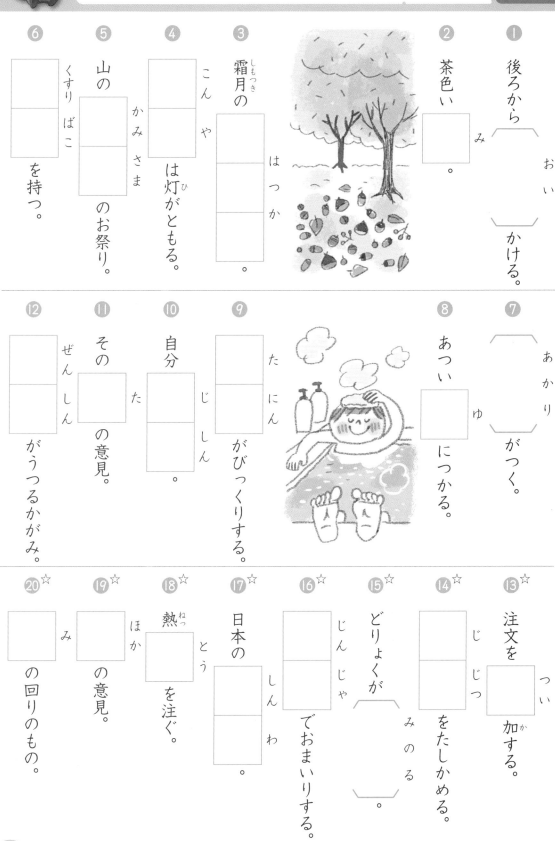

漢字の広場⑥　2年生で習った漢字

第26回

/18問

☆ □に漢字を書きましょう。〔　〕には、漢字とひらがなを書きましょう。

① □□《きしゃ》に乗る。

② 駅まで〔　　〕《とおい》。

③ □□《むぎちゃ》を作る。

④ きれいな□□《よぞら》。

⑤ □《さかな》をやく。

⑥ □□《けいと》玉が転がる。

⑦ □□《のはら》をかけまわる。

⑧ □《ふゆ》の寒さ。

⑨ じゅんび□《たい》そうをする。

⑩ □《ふね》で世界一しゅうする。

⑪ 〔　　〕《あかるい》部屋。

⑫ 白い□《くも》がうかぶ。

⑬ 昼ごはんを〔　　〕《たべる》。

⑭ □《はる》がおとずれる。

⑮ □□《やまざと》の秋。

⑯ 海べを〔　　〕《あるく》。

⑰ 田んぼで□《こめ》を育てる。

⑱ □《ゆき》がつもる。

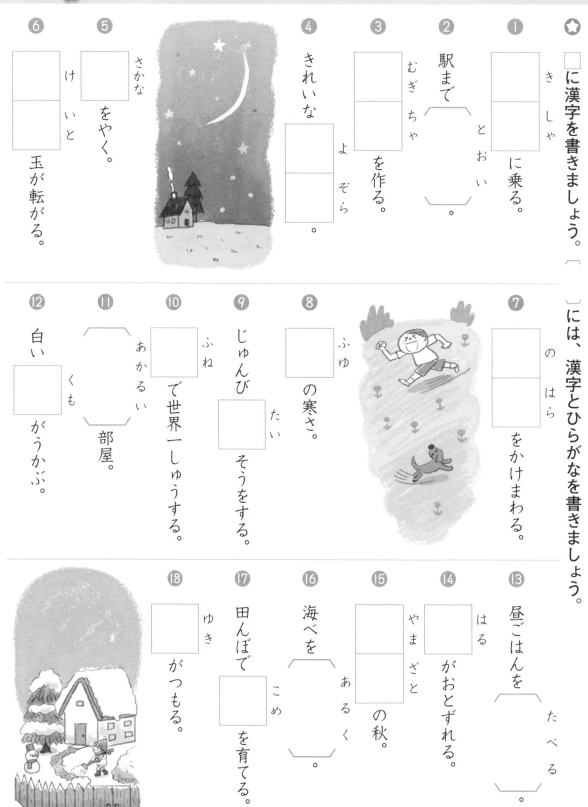

答え

第1回

①詩 ②言葉 ③学習 ④着目 ⑤習う ⑥着る ⑦登場人物 ⑧持ち ⑨旅 ⑩一色 ⑪黄金 ⑫始める ⑬進む ⑭登山 ⑮登る ⑯旅行 ⑰始 ⑱行進

第2回

①今日 ②動く ③深い ④様子 ⑤一人 ⑥空気 ⑦物語 ⑧場面 ⑨二人 ⑩画面 ⑪動物 ⑫水深 ⑬王様 ⑭図書館 ⑮番号 ⑯調べる ⑰館 ⑱調理

第3回

①使う ②問い ③意味 ④湖 ⑤漢字 ⑥自由 ⑦温かい ⑧酒 ⑨問題 ⑩発売 ⑪人形 ⑫文章 ⑬平気 ⑭使用 ⑮問 ⑯味 ⑰気温 ⑱酒 ⑲平 ⑳平ら

第4回

①強い ②弱い ③時間 ④少ない ⑤買う ⑥売店 ⑦広げる ⑧黄色 ⑨二頭 ⑩牛 ⑪鳴く ⑫高い ⑬多い ⑭馬 ⑮売る ⑯門 ⑰同じ ⑱首 ⑲長い ⑳羽

第5回

①決める ②出来事 ③中心 ④落とす ⑤決意 ⑥大事 ⑦落語 ⑧相手 ⑨洋服 ⑩母 ⑪東洋 ⑫次 ⑬朝食 ⑭早朝 ⑮目次

第6回

①所 ②県道 ③有名 ④日光 ⑤氷 ⑥一分 ⑦秒 ⑧農家 ⑨仕事 ⑩野球 ⑪局 ⑫仕方 ⑬地球 ⑭局 ⑮場所 ⑯有る ⑰氷山 ⑱球

第7回

①方角 ②通る ③谷 ④一本道 ⑤元気 ⑥地図 ⑦親友 ⑧太い ⑨心細い ⑩引く ⑪岩 ⑫帰る ⑬当たる ⑭光る ⑮家 ⑯戸 ⑰天才 ⑱丸い ⑲行く ⑳会う

第8回

①全体 ②遊び ③発見 ④表す ⑤全く ⑥全て ⑦遊園地 ⑧表紙 ⑨表 ⑩昔 ⑪世界中 ⑫行われる ⑬元 ⑭速さ ⑮横 ⑯指 ⑰上手 ⑱鉄 ⑲安定 ⑳安い

第9回

①運動会 ②予定 ③一日 ④走 ⑤通う ⑥送る ⑦住所 ⑧運ぶ ⑨住む ⑩日記 ⑪今週 ⑫楽しみ ⑬午後 ⑭番組 ⑮妹 ⑯夜 ⑰半分 ⑱朝 ⑲当番 ⑳日曜日

第10回

①具 ②拾い ③向かう ④坂 ⑤金具 ⑥円く ⑦悲鳴 ⑧緑色 ⑨歩道 ⑩開き ⑪羽 ⑫海岸 ⑬路線 ⑭感 ⑮対 ⑯方向 ⑰悲しい ⑱緑茶 ⑲開始 ⑳開ける

第11回

①調子 ②区 ③東 ④太陽 ⑤整える ⑥歌 ⑦一部 ⑧整理 ⑨近所 ⑩泳ぐ ⑪練習 ⑫助言 ⑬童話 ⑭申し ⑮水泳 ⑯練る ⑰助ける

答え

第12回

①引用　②出
③大人　④食品　⑤商品
⑥客様　⑦合　⑧商店
⑨品物
⑩読点　⑪入学式　⑫晴天
⑬今年　⑭去年　⑮二倍
⑯去る　⑰去

第13回

①毛筆　②銀行　③同時
④直線　⑤二日　⑥絵筆
⑦白玉
⑧新た　⑨植物　⑩集める
⑪化石　⑫地面　⑬死に
⑭都合

第14回

①両手
②負ける
③係　④全員　⑤係
⑥祭り
⑦農作業
⑧鉄板　⑨羽子板　⑩電柱
⑪柱時計　⑫休日　⑬油田
⑭油絵　⑮開港　⑯港町

第15回

①目薬　②薬草　③草笛
④汽笛　⑤雲海　⑥新雪
⑦注意　⑧悪者　⑨悪事
⑩感知　⑪売買　⑫勝負
⑬広大　⑭車庫　⑮間近
⑯入力　⑰電波　⑱帰社
⑲放送　⑳勉強

第16回

①感想　②父　③兄
④写真　⑤列車　⑥血
⑦暗い　⑧橋　⑨暑い
⑩寒い　⑪軽い　⑫命
⑬第一場面　⑭明らか
⑮写す　⑯出血　⑰暗記
⑱歩道橋　⑲暑中　⑳寒気
㉑軽食　㉒命

第17回

①返す　②主語　③明日
④九州　⑤風船　⑥屋根
⑦荷物　⑧守る　⑨役
⑩返事　⑪主　⑫主
⑬屋上　⑭大根　⑮守
⑯新米

第18回

①大豆　②育つ　③消化
④取り　⑤時期　⑥畑
⑦終わり　⑧豆　⑨体育
⑩消える　⑪終点
⑫福　⑬急げ　⑭起き
⑮苦　⑯多少　⑰待ち
⑱相談　⑲苦い　⑳期待

第19回

①鼻　②歯　③交ぜる
④中央　⑤二階　⑥部屋
⑦今朝　⑧委員会
⑨学級新聞　⑩昭和　⑪駅
⑫教わる　⑬皮　⑭皿
⑮歯科　⑯皮
⑰短歌　⑱短い

第20回

①天文台　②活気　③点数
④広場　⑤市場　⑥自動車
⑦新しい　⑧線路　⑨古い
⑩交番　⑪西　⑫走る
⑬北
⑭息　⑮美しく　⑯転ぶ
⑰真っ青　⑱回転

第21回

①病気　②医者　③飲む
④重い　⑤心配　⑥一度
⑦幸せ　⑧病　⑨飲食
⑩体重　⑪重ねる　⑫配る
⑬幸運　⑭幸い
⑮交流　⑯水族館
⑰高校生　⑱流れる

第22回

①日記帳　②千代紙
③曲がる　④投げる
⑤投手　⑥石炭　⑦羊毛
⑧羊　⑨宿　⑩宿題
⑪昼食　⑫一丁　⑬宮大工
⑭寺院　⑮礼　⑯病院
⑰交代　⑱代表　⑲代わる
⑳曲線　㉑炭　㉒王宮

第23回

❶上等 ❷等しい ❸反対
❹反り ❺君 ❻乗る
❼平等 ❽君 ❾乗車
❿電池 ⓫考える ⓬切る
⓭歌声 ⓮画用紙 ⓯黒板
⓰日直 ⓱発言 ⓲計算
⓳絵 ⓴答える

第24回

❶庭 ❷外れる ❸行く
❹細か ❺研究 ❻交わる
❼校庭
❽打つ ❾受ける ❿打球
⓫受
⓬島 ⓭列島
⓮強弱

第25回

❶追い ❷実 ❸二十日
❹今夜 ❺神様 ❻薬箱
❼明かり ❽湯 ❾他人
❿自身 ⓫他 ⓬全身
⓭追 ⓮事実 ⓯実る
⓰神社 ⓱神話 ⓲湯
⓳他 ⓴身

第26回

❶汽車 ❷遠い ❸麦茶
❹夜空 ❺魚 ❻毛糸
❼野原 ❽冬 ❾体
❿船 ⓫明るい ⓬雲
⓭食べる ⓮春 ⓯山里
⓰歩く ⓱米 ⓲雪

教科書ワーク
もくじ

光村図書版
国語3年

動画 コードを読みとって、下の番号《ばんごう》の動画《どうが》を見てみよう。

【イラスト】artbox, いけべけんいち。, 植木美江, クリエイティブ・ノア, 陽菜ひよ子, ユニックス
【写真提供】アフロ, ピクスタ

きほんのワーク

よく聞いて、じこしょうかい
どきん／わたしのさいこうの一日

教科書 上14～19ページ

答え 1ページ

勉強した日 月 日

もくひょう

●詩を読んで、言葉《ことば》のちょうしや、ひょうげんのおもしろさにふれよう。

●音読するときのくふうを考えよう。

おわったらシールをはろう

漢字練習ノート3ページ

新しい漢字《かん》

教科書16ページ

漢字	読み	画数
詩 (16)	シ	13画
葉 (16)	ヨウ・は	12画
習 (17)	シュウ・ならう	11画
着 (17)	チャク・きる・つく・つける・きせる	12画

◀練《れん》習しましょう。筆順《ひつじゅん》 1 2 3 4 5

1 漢字の読み　読みがなをよこに書きましょう。

① ○詩　② ●言 ○葉　③ 学 ○習　④ ○着 ●目

○新しく学習する漢字
●読み方が新しい漢字
◆とくべつな読み方をする言葉

2 漢字の書き　漢字を書きましょう。

① ○□（し）を楽しむ。

② 国語の□□（がくしゅう）○。

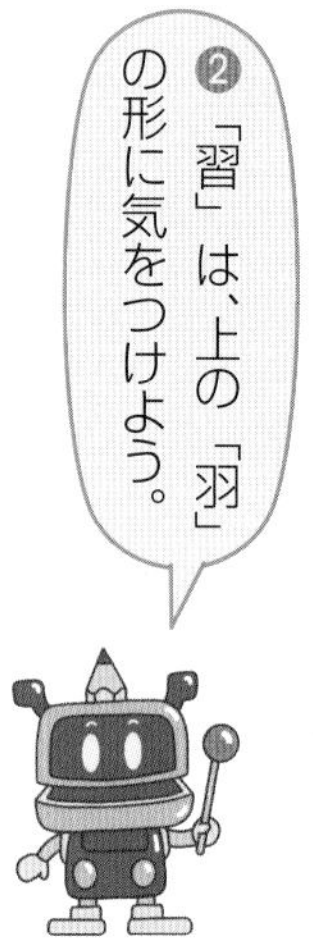

3 言葉の意味《いみ》　○をつけましょう。

① 18ページ 楽しいことを思いうかべる。

ア（　）心の中にえがく。
イ（　）しんけんに考える。
ウ（　）わすれたことを思い出す。

4 ☆よく聞いて、じこしょうかい

じこしょうかいをしたり、聞いたりするときには、どのようにするとよいですか。三つに○をつけましょう。

ア（　）みじかい言葉で話す。
イ（　）むずかしい言葉で話す。
ウ（　）はっきりと話す。
エ（　）小さい声で話す。
オ（　）話している人の方を見て聞く。

★どきん

5 つぎの詩を読んで、もんだいに答えましょう。

どきん

谷川《たにかわ》 俊《しゅん》太郎《たろう》

さわってみようかなあ　つるつる
おしてみようかなあ　ゆらゆら
もすこしおそうかなあ　ぐらぐら
もいちどおそうかなあ　がらがら
たおれちゃったよなあ　えへへ
いんりょくかんじるねえ　みしみし
ちきゅうはまわってるう　ぐいぐい
かぜもふいてるよお　そよそよ
あるきはじめるかあ　ひたひた
だれかがふりむいた！　どきん

1 「ゆらゆら」と同じように、ものがゆれているようすをあらわしている言葉を書きましょう。

（　　　　　　）

2 「たおれちゃったよなあ　えへへ」から、どのようなようすがわかりますか。一つに○をつけましょう。

「えへへ」は、どんなときにつかうでしょう。

ア（　）じゃまをされて、がっかりしているようす。
イ（　）思いどおりにならなくて、おこっているようす。
ウ（　）しっぱいして、てれてわらっているようす。

3 よく出る 「だれかがふりむいた！」を音読するときは、どのように読めばよいですか。一つに○をつけましょう。

ア（　）声を弱めて読む。
イ（　）声を強めて読む。
ウ（　）声のちょうしをかえないで読む。

4 「どきん」とありますが、どんな気もちをあらわしていますか。一つに○をつけましょう。

しんぞうが「どきん」とするのは、どんなときかな。

ア（　）びっくりしたなあ。
イ（　）ふしぎだなあ。
ウ（　）かなしいなあ。

ものしりメモ 「どきん」の詩は、すべてひらがなで書かれていることに気がついたかな。音読を大切に考える谷川《たにかわ》 俊太郎《しゅんたろう》さんは、ほかにもひらがなで書いた詩をたくさん作っているよ。

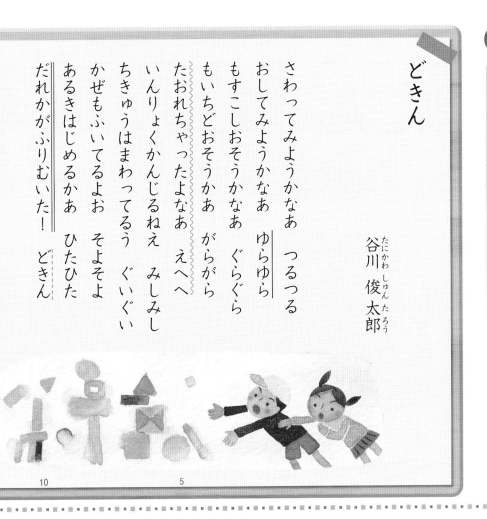

きほんのワーク

春風をたどって
図書館たんていだん

教科書 上21～37ページ

答え 1ページ

勉強した日 月 日

もくひょう
- だれが何をしているのかを読みとり、登場人物の気持ちをたしかめよう。
- 図書館での本のさがしかたを知ろう。

漢字練習ノート3～4ページ

おわったらシールをはろう

新しい漢字《かんじ》

教科書ページ	漢字	読み	画数	筆順
21	登	トウ、ト、のぼる	12画	フ ヲ ヺ ⺣ 癶 登 登 登
21	物	ブツ、モツ、もの	8画	ノ 𠂉 牛 牜 牞 牞 物 物
21	持	ジ、もつ	9画	一 寸 扌 扗 拄 持 持
22	旅	リョ、たび	10画	ユ 方 方 方 於 扩 旅 旅
24	始	シ、はじめる、はじまる	8画	く 女 女 女' 妕 始 始 始
24	進	シン、すすむ、すすめる	11画	イ 亻 什 隹 准 進 進
25	動	ドウ、うごく、うごかす	11画	一 二 旨 重 重 動 動
26	深	シン、ふかい、ふかまる、ふかめる	11画	シ シ 氵 沪 沪 浮 深
27	様	ヨウ、さま	14画	十 木 栏 栏 样 様 様
32	面	メン	9画	一 丆 丙 而 而 面 面
35	館	カン、やかた	16画	人 今 今 食 飲 飲 館 館
36	号	ゴウ	5画	丨 口 口 旦 号
36	調	チョウ、しらべる	15画	言 言 訁 訂 訂 調 調 調

◀筆順《ひつじゅん》 練《れん》習しましょう。 1 2 3 4 5

1 漢字の読み

読みがなをよこに書きましょう。

1. 登場
2. 人物
3. 気持ち
4. 旅
5. 白一色
6. 黄金
7. 始める
8. 進む
9. 今日
10. 動く

○新しく学習する漢字
●読み方が新しい漢字
◆とくべつな読み方をする言葉

3 言葉の意味《いみ》

○をつけましょう。

1 (22ページ) たいくつそうにしている。
- ア( )つまらなそうに。
- イ( )むずかしそうに。
- ウ( )めんどうくさそうに。

2 (23) らくだがさばくを歩く。
- ア( )さびしいちいき。

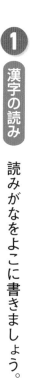

⑪ 深い
⑫ 様子
⑬ 一人
⑭ 空気
⑮ 物語
⑯ 場面
⑰ 二人
⑱ 図書館
⑲ 番号
⑳ 調べる

2 漢字の書き

漢字を書きましょう。

① 話に[　　]《とうじょう》する。
② [　]《たび》に出る。
③ [　]《ふか》いしげみ。
④ [　　]《ようす》をみる。
⑤ 本で[　]《しら》べる。

①「登」は書き順もまちがえやすいから気をつけよう。

ないようをつかもう！

☆ 春風をたどって　場面ごとのないようを読みとりましょう。

1 ルウは何をしたいと思っていましたか。 教科書 22～24ページ

[　　]に出たいと思っていた。

2 ノノンは何をしていましたか。一つに○をつけましょう。 24～27ページ

ア（　）においをかいでいた。
イ（　）食べ物をさがしていた。
ウ（　）目をとじてねていた。

3 ルウとノノンは何を見つけましたか。 27～30ページ

見わたすかぎりの[　　]。

4 ルウは、あした、ノノンといっしょに何をしようとしていますか。一つに○をつけましょう。 30～31ページ

ア（　）同じ花ばたけに行く。
イ（　）すてきなばしょをさがす。
ウ（　）ごはんを食べる。

イ（　）だれもいないちいき。
ウ（　）すなばかりのちいき。

③ 23 本を読むとわくわくする。
ア（　）とてもつかれる。
イ（　）かなしくなる。
ウ（　）どきどきする。

④ 24 みがるにかいだんを上る。
ア（　）かろやかに。
イ（　）ゆっくりと。
ウ（　）しんちょうに。

⑤ 25 弟の話に首をかしげる。
ア（　）ぎもんをかんじる。
イ（　）なっとくする。
ウ（　）びっくりする。

⑥ 27 あざやかな色のくつをはく。
ア（　）うすぐらい。
イ（　）はっきりして目立つ。
ウ（　）おちついた。

⑦ 30 昼下がりの光につつまれる。
ア（　）お昼の前の時間。
イ（　）ちょうどお昼の時間。
ウ（　）お昼の後の時間。

ものしりメモ　りすは、木の実《み》などのえさを土の中にうめておき、後でほりかえして食べるという習性《せい》があるよ。どこにうめたのかわすれてしまうこともあるんだ。少しもったいないね。

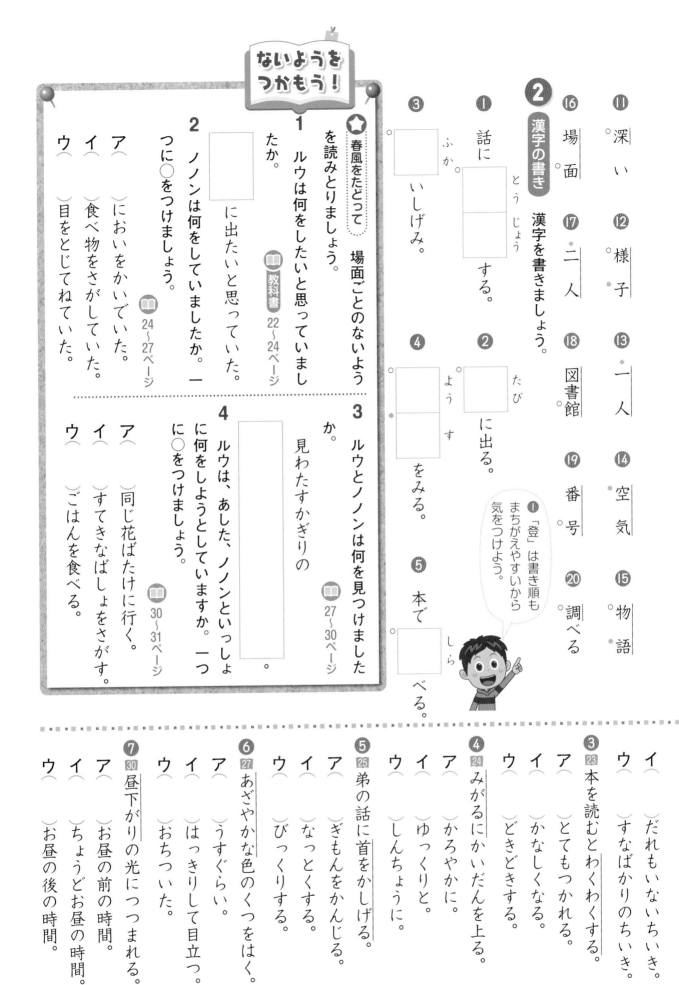

練習のワーク1

春風をたどって

教科書 上21～34ページ
答え 1ページ
勉強した日 月 日

できるナビ
●会話に着目してノノンの様子やルウの気持ちを読みとろう。

おわったら シールを はろう

つぎの文章《しょう》を読んで、問題《もんだい》に答えましょう。

りすのルウは、旅に出たいと思っています。森のけしきは、見なれてしまって、わくわくしません。

「さいしょに行くのは、やっぱり海がいいな。なんていっても、とくべつきらきらしてきれいだもん。」

しゃしんで見た海のけしきを思いうかべながら、ルウが森の中を進んでいくと、顔見知りのノノンのすがたを見かけました。

ノノンは、とてものんびりおっとりしたりすです。目をとじたままじっとしていて、ねているのかおきているのか、分からないこともよくあります。そのせいで声をかけづらいので、ルウは、ノノンとあまり話したことがありません。

ノノンは今日も、ねむっているように目をとじていました。ですが、よく見ると、そのはなが、さかんにくんくんと動いています。ルウはそれが気になって、ノノンに話しかけてみました。

1 よく出る● ルウは、旅のさいしょは、どこに行きたいと思っていますか。

（　　　　）

ルウは、さいしょに行くのはどこがいいと言っているかな？

2 「顔見知りのノノン」とありますが、ノノンのせつめいとして合うのはどれですか。一つに○をつけましょう。

ア（　）いつもねむってばかりいるりす。
イ（　）ルウがよく話をするりす。
ウ（　）のんびりおっとりしたりす。

3 「ノノンに話しかけてみました」とありますが、今日ノノンに話しかけたのは、なぜですか。

ノノンのはなが、（　　　　　　　　）のが気になったから。

言葉の意味プラス
4行 顔見知り…おたがいに顔を知っている人。 6行 おっとり…せいかくがゆったりしている様子。
12行 さかんに…つづけて何度《ど》も何度も。 34行 かすかな…あるかないか分からないくらいの。

「ノノン、何をしてるの。」

「わあ、びっくりした。あのね、なんだかすてきなにおいがするんだよ。」

ノノンがおっとり答えます。

ルウも、ためしに においをたしかめて、それから首をかしげました。

「めずらしいにおいは、とくにしないみたいだけど。」

「においが弱くて分かりづらいんだよ。でも、本当にすてきなにおいなんだ。たぶん、こっちの方からしてくるんじゃないかな。」

ノノンは、ガサガサと近くのしげみに入っていきます。少しまよってから、ルウも、その後についていってみることにしました。

前が見えないほど深いしげみを、ルウは、草をかき分けながら進みます。すると、そのうちに、知らないにおいに気がつきました。さわやかで、ほんのりとあまい、とてもすてきなにおいです。
「ノノンは、こんなにかすかなにおいに気づいてたんだ。」
ルウはびっくりして、ノノンのせなかを見つめました。

〈如月《きさらぎ》かずさ「春風をたどって」による〉

すぐ前に、「ルウはそれが気になって」とあるね。ルウは何が気になったのかな?

4 よく出る● 「首をかしげました」とありますが、このときルウは、どんな気持ちでしたか。一つに○をつけましょう。

首をかしげるのは、どんなときかな?


ア（　）よくないにおいがしたので、ノノンがうそをついているとかなしむ気持ち。

イ（　）ノノンが言うような、すてきなにおいはしないので、ふしぎに思う気持ち。

ウ（　）ノノンが言うとおり、めずらしいにおいがしたので、よろこぶ気持ち。

5 「知らないにおい」とありますが、どんなにおいですか。

6 「ルウはびっくりして」とありますが、何にびっくりしたのですか。

ルウの言葉に着目しよう!

書いてみよう!

ものしりメモ 「首をかしげる」は、ひとまとまりで「ふしぎに思う」という意味だよ。「首をひねる」も同じ意味だ。「首を長くする」は、「まち遠しい」という気持ちをあらわす言葉だよ。

練習のワーク②

春風をたどって

教科書 上21～34ページ
答え 2ページ

できるナビ
花ばたけやルウの様子から、ルウが、どんなことを思っているのかをとらえよう。

勉強した日 月 日

おわったらシールをはろう

つぎの文章《しょう》を読んで、問題《もんだい》に答えましょう。

しげみのむこうにあったのは、見わたすかぎりの花ばたけでした。そこにさく花の色は、ルウが行きたいとねがっていた、しゃしんの海にそっくりな青。そのけしきのうつくしさに、ルウの口から、ほう、とためいきがこぼれました。

「すごいや。この森に、こんな花ばたけがあったんだね。」

ルウはノノンに言いました。ところがノノンは、ルウの声が聞こえなかったかのように、うっとりと花ばたけに見とれています。

そんなノノンの様子をながめながら、ルウは思いました。ぼく一人だったら、この花ばたけを見つけることはできなかっただろうな、と。

1 「見わたすかぎりの花ばたけ」について答えましょう。

(1) よく出る 花ばたけにさいている花は、何色でしたか。

（　　　　）

(2) よく出る 花ばたけを見たときのルウは、どんな気持ちでしたか。一つに○をつけましょう。

ア（　）海ではなかったので、少しがっかりしている。
イ（　）うつくしい花をもちかえりたいと思っている。
ウ（　）あまりのうつくしさに、かんどうしている。

ルウは、「ほう」とためいきをこぼした後に「すごいや。……」と言っているね。

2 「すごいや。この森に、こんな花ばたけがあったんだね。」とルウが言ったとき、ノノンはどうしましたか。

「ルウの声が聞こえなかったかのように」から、ノノンがどうしたのかを考えよう。

ア（　）おなかがへっていて、花ばたけは見なかった。
イ（　）花ばたけに見とれていて、何も答えなかった。
ウ（　）ルウのそばに来て、いっしょに花ばたけを見た。

言葉の意味プラス
4行ためいき…かんしんしたり、がっかりしたりしたときに出る大きないき。　12行うっとり…心がひきつけられて、ぼうっとする様子。

「すごいや。」

ルウは、そうくりかえしてにっこりすると、だまって花ばたけの方をむきました。さわやかな花のかおりにつつまれて、ゆったりと時がながれていきました。

しばらくたったころに、ノノンがのんびり言いました。

「そろそろお昼ごはんをさがしに行こうかなあ。ルウはどうする。」

そういえば、ぼくもごはんがまだだった、とルウは思い出しました。けれど、気づいたら、ルウはこう答えていました。

「ぼくは、もう少しここにいることにするよ。」

「分かった。じゃあ、またね。」

「うん。また話そう。」

ノノンを見おくった後で、ルウは、また花ばたけをながめました。

やわらかな春風が、花たちとルウの毛を、さわさわとなでていきます。海色の花びらの上で、昼下がりの光が、きらきらかがやいています。ルウのしっぽは、いつのまにか、ゆらゆらとおどるようにゆれています。

花ばたけの空気をむねいっぱいにすいこんで、本物の海もこんないいにおいがするのかな、とルウはそうぞうしました。

〈如月《きさらぎ》かずさ「春風をたどって」による〉

3 「すごいや。」とありますが、このとき、ルウはどんな気持ちでしたか。

ノノンといっしょだったから、

（　　　　）

とよろこぶ気持ち。

4 「ルウはどうする。」と聞かれて、ルウはどうすることにしましたか。

（　　　　）

ルウは「もう少しここにいることにするよ」と答えているよ。

5 「ルウは、また花ばたけをながめました」について答えましょう。

(1) このとき、花ばたけはどんな様子でしたか。

□□が□□□□となでるようにふき、花びらの上で□が、□□□□かがやいていた。

書いてみよう!

(2) このとき、ルウはどんなことをそうぞうしていましたか。

（　　　　）

ものしりメモ

「春風」は、春に東や南からふいてくる、あたたかい風のことだよ。おだやかでやさしくふくのがとくちょうなんだ。つめたくてビュービューふいてくる北風とは反対《はんたい》だね。

きほんのワーク

国語辞典《じてん》を使おう
漢字の広場① 二年生で習った漢字
きせつの言葉1 春のくらし

教科書 上38～43ページ

答え 2ページ

もくひょう

- 国語辞典の正しい使い方をおぼえよう。
- 見出し語のならび順《じゅん》や形を知って、言葉を見つけられるようになろう。

勉強した日 月 日

漢字練習ノート5～6ページ

おわったらシールをはろう

新しい漢字

◀練《れん》習しましょう。筆順《ひつじゅん》 1 2 3 4 5

教科書ページ	漢字	読み	画数	筆順
38	使	シ　つかう	8画	ノ亻仁仁仁仁使使
38	問	モン　と　とい　とん	11画	丨𠃍冂門門門門問
38	意	イ	13画	亠立音音音意意
38	味	ミ　あじ　あじわう	8画	丨口口口叶味味
38	湖	コ　みずうみ	12画	氵汁沽沽湖湖湖
38	漢	カン	13画	氵氵汢洪洪漢漢
40	由	ユ　ユウ	5画	丨冂巾由由
40	温	オン　あたたか　あたたかい　あたたまる　あたためる	12画	氵氵沪沪沪温温
40	酒	シュ　さけ　さか	10画	氵氵汀汀沔酒酒
40	題	ダイ	18画	日旦早是是題題
40	発	ハツ	9画	フヌ癶癶癸発
40	章	ショウ	11画	亠立立音音章章
40	平	ヘイ　ビョウ　たいら　ひら	5画	一ﾞ冂立平

1 漢字の読み

読みがなをよこに書きましょう。

○新しく学習する漢字
◆読み方が新しい漢字
とくべつな読み方をする言葉

1. 使う
2. 問い
3. 意味
4. 湖
5. 漢字
6. 自由
7. 温かい
8. あま酒
9. 問題
10. 発売
11. 人形
12. 文章
13. 平気

2 漢字の書き

漢字を書きましょう。

① 頭を□《つか》う。

② 言葉の□□《いみ》。

③ □《あたた》かい食べ物。

④ あま□《ざけ》をのむ。

⑤ □□《もんだい》をとく。

⑥ □□《ぶんしょう》を書く。

3 二年生の漢字

漢字を書きましょう。

① □《うし》がモーモーと□《な》く。

② キリンの□《くび》は□《なが》い。

③ □□《にとう》の□《うま》が走っている。

④ □□《きいろ》い□《はね》を□《ひろ》げた鳥。

⑤ 入場□《もん》でチケットを□《う》る。

☆ 国語辞典《じてん》を使おう

4 国語辞典は、どんなときに使うとやくに立ちますか。合うものの二つに○をつけましょう。

ア（　）言葉の意味や使い方を知りたいとき。

イ（　）よく使われている言葉を知りたいとき。

ウ（　）漢字での書きあらわし方を知りたいとき。

5 国語辞典にならんでいる順《じゅん》番になるように、（　）に1～3を書きましょう。

①
（　）とおい
（　）とおす
（　）とうとう

②
（　）セーター
（　）せいかつ
（　）せおよぎ

6 ——の言葉を、国語辞典の見出し語の形に書き直しましょう。

① 先生からお話を聞きました。（　　）

② おゆがあつければ、水を足す。（　　）

☆ きせつの言葉1　春のくらし

7 春らしい食べ物ではないものは、どれですか。一つに○をつけましょう。

ア（　）ふき 

イ（　）たけのこ 

ウ（　）たらのめ 

エ（　）みかん 

ものしりメモ 国語辞典《じてん》には、どのくらいの数の語がのっているのかな。小学生用の辞典だと3万語ぐらい。日本最大《さいだい》の辞典「日本国語大辞典」は13かんもあって、やく50万語がのっているよ。

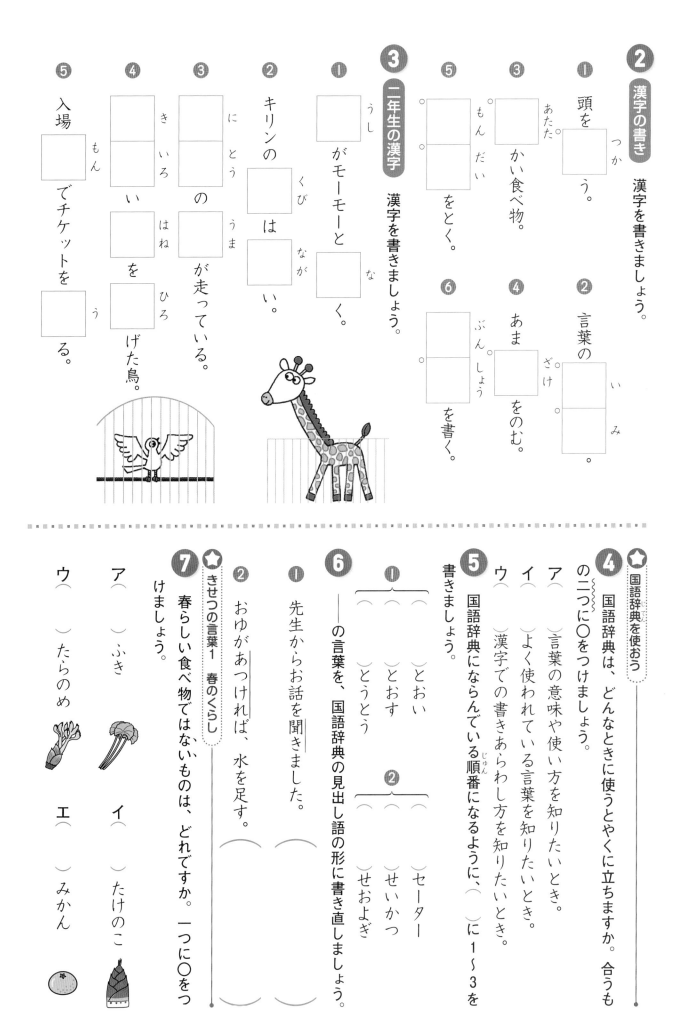

まとめのテスト 春風をたどって 国語辞典《じてん》を使おう

教科書 上21～43ページ
答え 3ページ

時間 20分

とく点 /100点

おわったらシールをはろう

勉強した日 月 日

1 次の文章を読んで、問題に答えましょう。

「すごいや。」

ルウは、そうくりかえしてにっこりすると、だまって花ばたけの方をむきました。さわやかな花のかおりにつつまれて、ゆったりと時がながれていきました。

しばらくたったころに、ノノンがのんびり言いました。

「そろそろお昼ごはんをさがしに行こうかなあ。ルウはどうする。」

そういえば、ぼくもごはんがまだだった、とルウは思い出しました。けれど、気づいたら、ルウはこう答えていました。

「ぼくは、もう少しここにいることにするよ。」

「分かった。じゃあ、またね。」

「うん。また話そう。」

ノノンを見おくった後で、ルウは、また花ばたけをながめました。

やわらかな春風が、花たちとルウの毛を、さわさわと

1 「しばらくたったころに」について、答えましょう。

(1) このとき、ルウとノノンは、どこにいましたか。〔10点〕

（　　　　　）

(2) ルウとノノンは、何をしていましたか。〔10点〕

ア（　）ルウとノノンは、楽しく話をしていた。
イ（　）ルウとノノンは、だまって花ばたけを見ていた。
ウ（　）ノノンが空を見て、ルウが花ばたけを見ていた。

2 ノノンは何をさがしに行きましたか。〔10点〕

（　　　　　）

3 よく出る 「ぼくは、もう少しここにいることにするよ。」とルウが言ったのはなぜですか。〔10点〕

ア（　）ごはんはまだだったけれど、あまりおなかがすいていなかったから。
イ（　）ごはんを食べることよりも、花ばたけであそぶ方が楽しそうだと思ったから。
ウ（　）ごはんはまだだったけれど、もう少し花ばたけを見ていたいと思ったから。

言葉の意味プラス　24行すあな…動物や虫がすむあな。

なでていきます。海色の花びらの上で、昼下がりの光が、きらきらかがやいています。ルウのしっぽは、いつのまにか、ゆらゆらとおどるようにゆれています。

花ばたけの空気をむねいっぱいにすいこんで、本物の海もこんないいにおいがするのかな、とルウはそうぞうしました。

その夜、ルウは、すあなでたから物のしゃしんをながめていました。きれいだなあ、いつか行ってみたいなあ、とうっとりしながら。

「だけど、あの海色の花ばたけも、とってもすてきだったなあ。」

ぽつりとつぶやいてから、ルウはふと思いつきました。

「そうだ。ぼくの知らないすてきなばしょが、ほかにもまだ、近くにあるかもしれない。あした、ノノンをさそって、いっしょにさがしてみることにしよう。ノノンといっしょなら、またあの花ばたけみたいなけしきを、見つけられそうな気がするから。」

そんなふうに考えてわくわくしながら、ルウがねどこにねそべると、花ばたけからついてきたさわやかなかおりが、ふわりとルウのはなをくすぐりました。

〈如月《きさらぎ》かずさ「春風をたどって」による〉

4 ルウは、すあなで何を見ていましたか。〔10点〕

（　　　　）

5 よく出る 「ルウはふと思いつきました」について、答えましょう。 一つ10〔20点〕

書いてみよう! (1) ルウはどんなことを思いついたのですか。

（　　　　）が、ほかにも近くにあるかもしれないから、（　　　　）ということ。

チャレンジ! (2) このときルウはどんな気持ちでしたか。〔10点〕

（　　　　）

2 国語辞典《じてん》にならんでいる順番《じゅん》になるように、（　）に1~3を書きましょう。 すべてできて一つ10〔20点〕

❶
（　）チーズ
（　）ちいき
（　）ちえ

❷
（　）たいかく
（　）だいがく
（　）たいがく

ものしりメモ 「さわさわ」「きらきら」「ゆらゆら」「わくわく」などは、様子をそれらしくあらわした言葉だよ。日本語には、このように様子を表す言葉がとても多いんだ。

知りたいことを考えながら聞き、しつもんしよう

きほんのワーク

もっと知りたい、友だちのこと
きちんとつたえるために／漢字の音《おん》と訓《くん》
漢字の広場② 二年生で習った漢字

教科書 ㊤44～52ページ

答え 4ページ

勉強した日 月 日

もくひょう
- よりよい話の聞き方やしつもんのしかたについて学ぼう。
- 言いたいことが相手につたわる話し方を学ぼう。

おわったらシールをはろう

漢字練習ノート7～9ページ

新しい漢字

教科書ページ

教科書ページ	漢字	読み	画数
44	決	ケツ きめる きまる	7画
45	事	ジ こと	8画
47	落	ラク おちる おとす	12画
48	相	ソウ あい	9画
48	洋	ヨウ	9画
48	服	フク	8画
50	次	ジ つぐ つぎ	6画
51	所	ショ ところ	8画
51	県	ケン	9画
51	有	ユウ ある	6画
51	氷	ヒョウ こおり	5画
51	秒	ビョウ	9画
51	農	ノウ	13画
51	仕	シ つかえる	5画
51	球	キュウ たま	11画
51	局	キョク	7画

◀筆順《ひつじゅん》 1 2 3 4 5 練習《れんしゅう》しましょう。

1 漢字の読み

読みがなをよこに書きましょう。

○新しく学習する漢字
●読み方が新しい漢字
◆とくべつな読み方をする言葉

① ○決める
② 出来○事
③ 中●心
④ ○落とす
⑤ ○相手
⑥ ○洋○服
⑦ ◆お母さん《さん》
⑧ ○次
⑨ ●朝●食
⑩ ●早朝
⑪ ○所
⑫ ○県●道

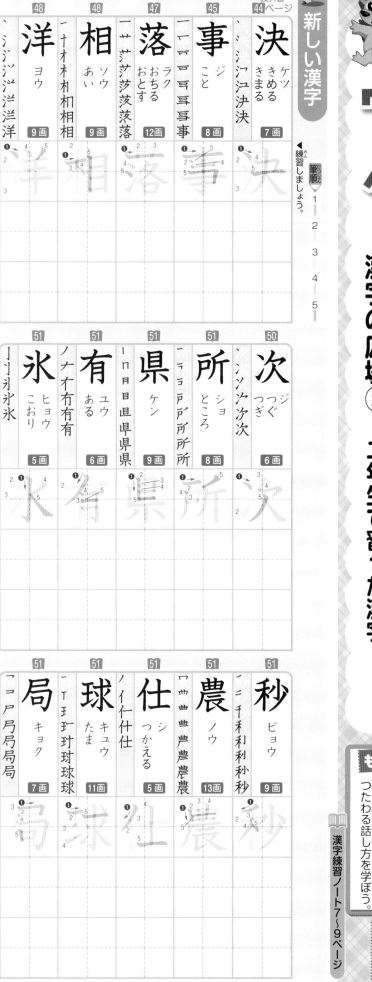

⑬ 有名
⑭ 日光
⑮ 氷
⑯ 一分間
⑰ 六十秒
⑱ 農家
⑲ 仕事
⑳ 野球
㉑ ゆうびん局

2 漢字の書き

漢字を書きましょう。

① 話すことを□《き》める。
② かぎを□《お》とす。
③ 赤い□□《ようふく》。
④ □《つぎ》の日。
⑤ □□《ゆうめい》な本。
⑥ □□《しごと》に行く。

3 二年生の漢字

漢字を書きましょう。

① □□《ちず》で□□《ほうがく》をたしかめる。
② □□《しんゆう》に□《あ》う。
③ □□《ゆみや》がまとに□《あ》たる。

4 もっと知りたい、友だちのこと

次のことを知りたいときは、どのような言葉を使ってしつもんするとよいですか。合うものを下からえらんで、・――・でむすびましょう。

① 物事の様子や方法《ほう》。　・　　・ア いつ・どこで・だれが・何を。
② したことや考えたことなどの理由。　・　　・イ どのように。
③ 知らないことや、分からないこと。　・　　・ウ なぜ（どうして）。

5 きちんとつたえるために

次の絵を見たときのかんそうを言うときに、どのように言うとよいですか。自分が何に感心《かん》したのかがうまくつたわるほうに、○をつけましょう。

ア（　）とてもりっぱね。
イ（　）りっぱな家ね。

6 漢字の音《おん》と訓《くん》

――の漢字の読みがなを書きましょう。また、その読み方は、「音《おん》」、「訓《くん》」のどちらですか。○でかこみましょう。

読みがな　○でかこみましょう。

① 物語を読む。（　　）〔音・訓〕
② 人物をえがく。（　　）〔音・訓〕

ものしりメモ
弓で矢を射《い》るスポーツに「弓道《きゅうどう》」があるよ。「まとを射る」、「的中《てきちゅう》する」、「手の内《うち》をよむ」、「図星」などは、弓道から生まれた言葉なんだ。意味を調べてみよう。

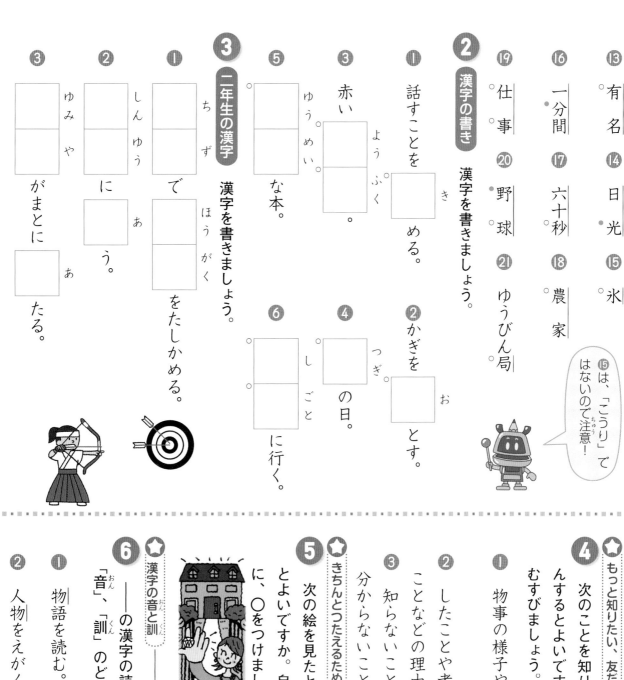

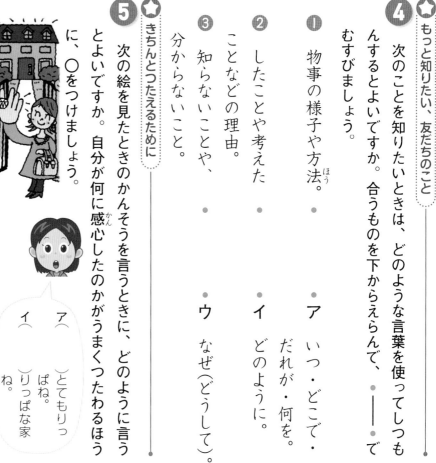

まとまりをとらえて読み、かんそうを話そう

きほんのワーク

〈れんしゅう〉文様《もんよう》
こまを楽しむ／全体と中心

教科書 上53～65ページ

答え 4ページ

勉強した日 月 日

もくひょう
●「はじめ」「中」「おわり」の組み立てをとらえよう。
●中心となる言葉や文をとらえて、段落《だん》ごとのないようを読みとろう。

おわったらシールをはろう

漢字練習ノート10ページ

新しい漢字

教科書ページ	漢字	読み方	画数
53	全	ゼン まったく すべて	6画
53	遊	ユウ あそぶ	12画
55	表	ヒョウ おもて あらわす あらわれる	8画
56	昔	むかし	8画
56	世	セイ セ よ	5画
56	界	カイ	9画
57	速	ソク はやい はやめる はやまる	10画
57	横	オウ よこ	15画
58	指	シ ゆび さす	9画
59	鉄	テツ	13画
59	安	アン やすい	6画
59	定	テイ ジョウ さだめる さだまる	8画

◀練《れん》習しましょう。筆順《ひつじゅん》 1 2 3 4 5

1 漢字の読み

読みがなを横に書きましょう。

1 全体
2 こま遊び
3 発見
4 表す
5 昔
6 世界中
7 行う
8 元の色
9 速さ
10 横
11 指
12 上手
13 鉄
14 安定

○新しく学習する漢字
●読み方が新しい漢字
◆とくべつな読み方をする言葉

3 言葉の意味

○をつけましょう。

1 （54ページ）古い言いつたえがある。
ア（　）昔からつたわる話。
イ（　）昔からつたわる道具《ぐ》。
ウ（　）昔からつたわる本。

2 漢字の書き

漢字を書きましょう。

1 こまで［　］《あそ》ぶ。

2 気持ちを［　］《あらわ》す。

3 走る［　］《はや》さをきそう。

4 ［　］［　］《あんてい》したつくり。

③「早」は時間がはやいときに、「速」はスピードがはやいときに使うよ。

ないようをつかもう！

★文様《もんよう》 せつめいに合う文様を、［　］からえらんで書きましょう。　教科書 54〜55ページ

（　　）	（　　）	（　　）
元気で長生きすることをねがう。	しあわせがやって来ることをねがう。	子どもたちが元気でじょうぶにそだつことをねがう。

あさの葉　つるかめ　かりがね

★こまを楽しむ 「はじめ」「中」「おわり」のないようを、下からえらんで、•—•でむすびましょう。　教科書 56〜61ページ

はじめ •　　• ア 日本人は、さまざまなこまを、くふうして生み出してきた。

中 •　　• イ 六つのこまのせつめい。

おわり •　　• ウ 日本にはどんなこまがあるのか。

日本には、色や音、動きなど、いろいろな楽しみ方のできるこまがあるんだね。

2 [56] さまざまなくふうをする。
ア（　）よいやり方を考えること。
イ（　）きれいにかざること。
ウ（　）時間をかけること。

3 [57] 色のかわるのがとくちょうだ。
ア（　）とくに目立つところ。
イ（　）当たり前であるところ。
ウ（　）たまにしか見えないところ。

4 [57] 中がくうどうになっている。
ア（　）いっぱい。
イ（　）空っぽ。
ウ（　）半分。

5 [60] 小さなくぼみを作る。
ア（　）もり上がったところ。
イ（　）かざってあるところ。
ウ（　）へこんだところ。

6 [61] バランスをとる。
ア（　）調子《し》。
イ（　）つりあい。
ウ（　）中心。

ものしりメモ 昔は、木の実《み》をこまにして遊んでいたよ。そのころはこまを「ツムグリ」と言っていて、それが「ヅムグリ」→「どんぐり」になったというせつがあるよ。

練習のワーク①

📖《れんしゅう》文様

教科書 (上)53〜65ページ　答え 4ページ

できるナビ
● 「問い」と「答え」をきちんと読みとろう。
● 段落ごとのまとまりをとらえて、せいりしよう。

勉強した日　月　日

おわったらシールをはろう

次の文章を読んで、問題に答えましょう。

① 服やおさらなどには、「文様（もんよう）」とよばれる、いろいろな形の絵や図がらがついています。文様の多くには、「いいことがありますように。」というねがいがこめられています。どんなことをねがう文様があるのでしょうか。

② あの文様は、「つるかめ」といわれるものの一つです。かめのこうらのような形の中に、つるとかめがいます。つるは千年、かめは万年生きるという言いつたえがあります。元気で長生きをすることをねがう文様です。

③ Ⓘの文様は、「かりがね」といいます。わたり鳥のかりがとぶ様子を表しています。かりは、遠くからよい知らせをはこんでくれる鳥だとい

5　10　15

あ　い

文様３点：熊谷博人氏　提供

---

1 「文様」とは、何のことですか。

服やおさらなどについている、

2 よく出る● この文章の 「問い」となる文を書きましょう。

「問い」は、「〜でしょうか。」など、問いかける形で書かれているよ。文の終わりの形に注目しよう！

3 ②〜④の段落のないようをまとめましょう。

	②	
文様の名前	つるかめ	❶
何を表しているか	かめのこうらのような形の中に❶がいる様子。	❷
どんなことをねがうのか	②	

言葉の意味プラス　2行 図がら…図のもよう。14行 わたり鳥…毎年、決まったきせつにいどうをくりかえす鳥。22行 生長…木や草がそだつこと。

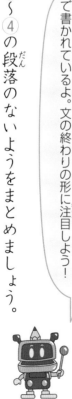

われてきました。しあわせがやって来ることをねがう文様です。

㋒

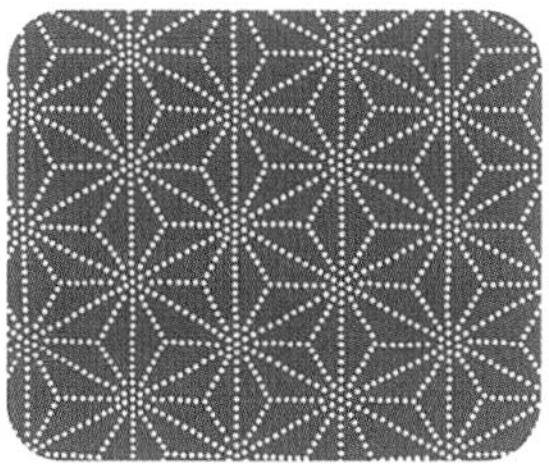

④ ㋒の文様は、「あさの葉」といいます。しょくぶつのあさの葉ににているので、この名前がつけられました。あさは、とても生長が早く、すぐに大きくなります。子どもたちが元気でじょうぶにそだつことをねがう文様で、子どもの着物によく使われました。

⑤ このように、文様には、人々のくらしから生まれたさまざまなねがいがこめられています。

〈熊谷《くまがい》 博人《ひろと》「文様」による〉

③		
文様の名前	何を表しているか	どんなことをねがうのか
かりがね	(❸)様子。	(❹)。

④		
文様の名前	何を表しているか	どんなことをねがうのか
あさの葉	(❺)ににた形。	(❻)。

4 よく出る● この文章は、三つのまとまりに分かれます。それぞれのまとまりに書かれているないようを□からえらんで、記号で答えましょう。

はじめ(①)	( )
中(②〜④)	( )
おわり(⑤)	( )

ア 全体のまとめ　**イ** 「問い」
ウ 「問い」にたいする「答え」

⑤の段落の「このように」は、②〜④の段落のないようを指しているよ。

ものしりメモ 日本で古くから使われてきた文様は、ほかにも波《なみ》の形の「青海波《せいがいは》」、矢につける鳥の羽根《はね》の形の「矢絣《やがすり》」など、いろいろあって、今でもさまざまなデザインの中で使われているんだ。

練習のワーク２

こまを楽しむ

教科書 上53～65ページ
答え 5ページ

できるナビ
●段落《だん》ごとに書かれていることをつかもう。
●それぞれのこまの楽しみ方をおさえよう。

勉強した日　月　日

おわったらシールをはろう

次の文章を読んで、問題に答えましょう。

① 色がわりごまは、回っているときの色を楽しむこまです。こまの表面には、もようがえがかれています。ひねって回すと、もように使われている色がまざり合い、元の色とちがう色にかわるのがとくちょうです。同じこまでも、回す速さによって、見える色がかわってきます。

② 鳴りごまは、回っているときの音を楽しむこまです。こまのどうは大きく、中がくうどうになっていて、どうの横には、細長いあなが

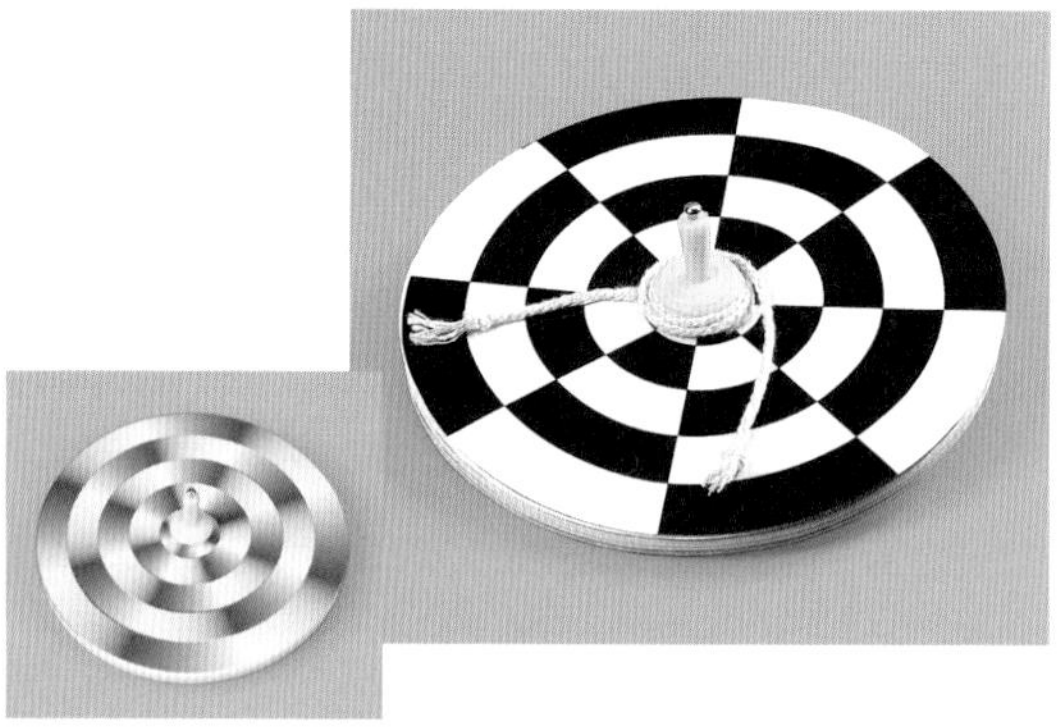
色がわりごま

鳴りごま

(2) どんなとくちょうがありますか。
ひねって回すと、（　　　）に使われている色がまざり合い、（　　　）にかわるというとくちょう。

(3) 同じこまでも、見える色がかわってきます。何によって、見える色がかわるのですか。
（　　　）

2 鳴りごまについて、答えましょう。

(1) よく出る 何を楽しみますか。
（　　　）を楽しむ。

段落《だん》のはじめの文に書いてあるね。

(2) どんな形をしていますか。
どうが大きく、中が（　　　）になっていて、どうの横に（　　　）が空いている形。

言葉の意味プラス
3行 表面…物のおもてがわ。　5行 ひねる…指先でつまんでねじり、むきをかえる。
28行 いきおいよく…力強く。はずみをつけて。

空いています。ひもを引っぱって回すと、あなから風が入りこんで、ボーッという音が鳴ります。その音から、うなりごまともよばれています。

③ さか立ちごまは、とちゅうから回り方がかわり、その動きを楽しむこまです。このこまは、ボールのような丸いどうをしています。指で心ぼうをつまんで、いきおいよく回すと、はじめはふつうに回るのですが、回っていくうちに、だんだんかたむいていきます。そして、さいごは、さかさまにおき上がって回ります。

〈安藤《あんどう》 正樹《まさき》「こまを楽しむ」による〉

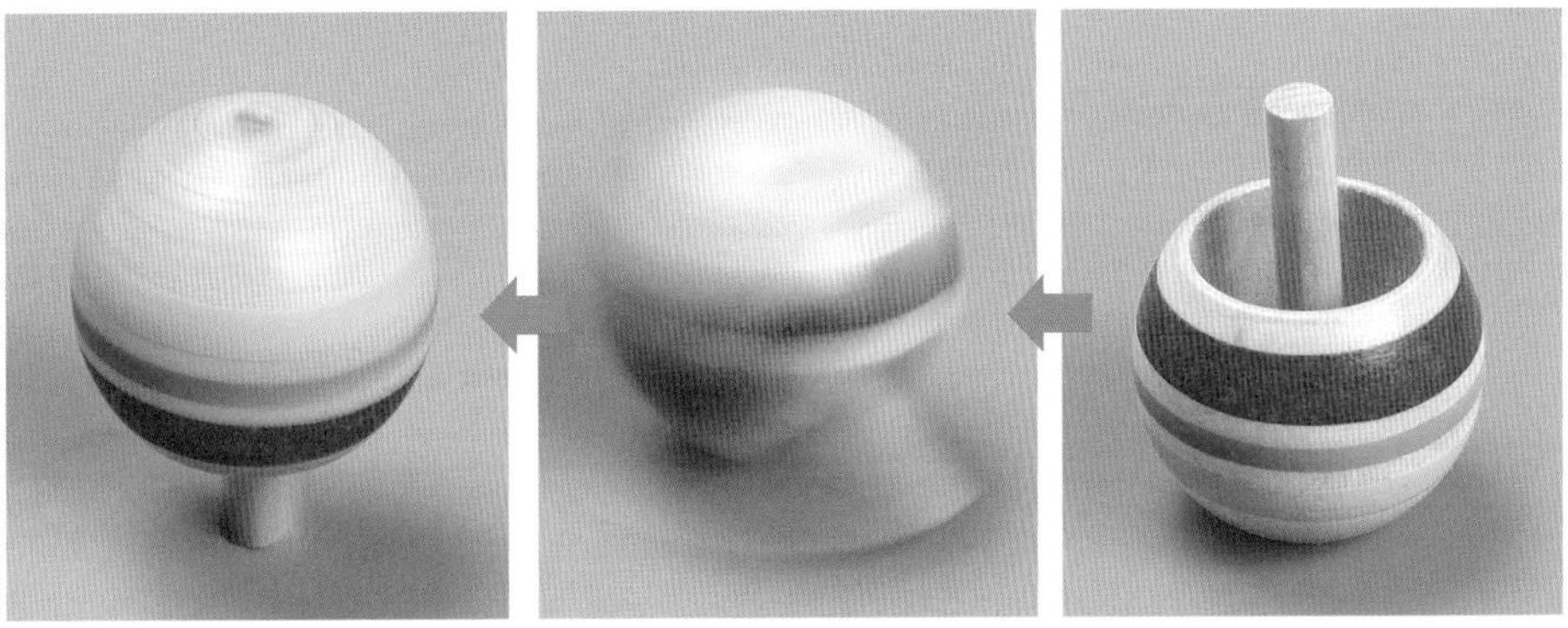

さか立ちごま

1

(1) 色がわりごまについて、答えましょう。

よく出る● 何を楽しみますか。

（　　　　）を楽しむ。

(3) どのようにして音が鳴りますか。一つに○をつけましょう。

音が鳴るしくみを読みとろう！

ア（　）どうの横のあなから風が入りこんで鳴る。

イ（　）ひもを引っぱると、どうとこすれて鳴る。

ウ（　）大きなどうに風がはねかえって鳴る。

3 さか立ちごまについて、答えましょう。

(1) 何を楽しみますか。

とちゅうから（　　　　）がかわるので、

その（　　　　）を楽しむ。

(2) どのような形のどうをしていますか。

（　　　　）

(3) 回り方について、まとめましょう。

はじめ	ふつうに回る。
とちゅう	だんだん（　❶　）いく。
さいご	（　❷　）回る。

「はじめは～。」「そして、さいごは～。」の文に注意《ちゅうい》して読みとろう！

ものしりメモ　さか立ちごまは、さかさまにおき上がって回った後、回り方が弱くなってくるとまたかたむいて、さいごは元のように心ぼうを上にして止まるんだ。

まとめのテスト こまを楽しむ

教科書 上53～65ページ
答え 6ページ

時間 20分

とく点 /100点

おわったら シールを はろう

勉強した日 月 日

次の文章を読んで、問題に答えましょう。

① 曲《きょく》ごまは、曲芸《げい》で使われ、おどろくような所で回して、見る人を楽しませるこまです。曲ごまは、心ぼうが鉄でできていて、広く平らなどうをしています。ほかのこまとくらべ、安定したつくりになっているので、あまりゆれることがありません。台の上で手を使って回し、そこから細い糸の上や、ぼうの先のような回しにくい所へうつしかえて回しつづけます。

② ずぐりは、雪の上で回して楽しむこまです。ふつうのこまは、心ぼうが細いので、雪

⇦

曲ごま

糸の上で回る曲ごま（国立劇場　提供）

1 ①・②の段落《だん》でせつめいしているこまについて、まとめましょう。 一つ5〔20点〕

	こまの名前	どんな楽しみ方ができるのか
①	❶（　　　）	❷（　　　）で回して、見る人を楽しませる。
②	❸（　　　）	❹（　　　）で回して楽しむ。

チャレンジ!
2 「安定したつくり」とは、どのようなつくりですか。二つに分けて書きましょう。 一つ10〔20点〕

（　　　）

（　　　）

3 ふつうのこまを雪の上で回すことができないのは、なぜですか。 〔10点〕

□□□□□□から。

⇦

言葉の意味プラス
1行 曲芸《げい》…人を楽しませる、めずらしいわざ。 7行 安定…バランスがとれていて、たおれにくいこと。 31行 じく…回るものの中心にあるぼう。

の上で回すことはできません。

いっぽう、ずぐりは、雪の上で回して遊ぶことができるように、心ぼうの先が太く、丸く作られています。まず、雪に小さなくぼみを作り、わらでできたなわを使って、その中になげ入れて回します。雪がふってもこまを回したいという人々の思いから、ずぐりは長く親しまれてきました。

③ このように、日本には、さまざまなしゅるいのこまがあります。それぞれ色も形もちがいますが、じくを中心にバランスをとりながら回るというつくりは同じです。

ずぐり（黒石観光協会　提供）

雪の上で回るずぐり（青森県黒石市　商工観光部観光課　提供）

〈安藤《あんどう》 正樹《まさき》「こまを楽しむ」による〉

---

4 よく出る ずぐりを雪の上で回すことができるのは、なぜですか。〔10点〕

（　　）

5 ずぐりが長く親しまれてきたのは、人々のどんな思いがあったからですか。一つに○をつけましょう。〔10点〕

ア（　）めずらしいこまを作りたいという思い。
イ（　）雪がふってもこまを回したいという思い。
ウ（　）冬だけはこまを回したいという思い。

6 次のせつめいは、ア…曲ごま、イ…ずぐりのどちらのものですか。記号で答えましょう。一つ5〔10点〕

❶ なわを使って、くぼみの中になげ入れて回す。（　）
❷ あまりゆれずに回る。（　）

7 よく出る 日本の「さまざまなしゅるいのこま」について答えましょう。(1)はどちらもできて一つ10〔20点〕

(1) それぞれのこまには、どのようなちがいがありますか。

□や□のちがい。

(2) 同じなのは、どのようなところですか。

（　　）というつくりになっているところ。

ものしりメモ ずぐりは今でも親しまれているよ！ 青森《あおもり》県では、毎年「全日本ずぐり回しせんしゅけん大会」という大会も行っているくらいなんだ。

きほんのワーク

気持ちをこめて、「来てください」
漢字の広場③ 二年生で習った漢字

教科書 上66～70ページ
答え 6ページ
勉強した日 月 日

もくひょう
●相手に分かりやすくつたえられるような手紙の書き方を学ぼう。
●2年生で習った漢字のおさらいをしよう。

漢字練習ノート11ページ

おわったらシールをはろう

新しい漢字

教科書66ページ
運 ウン はこぶ 12画
（筆順）冖 冖 冒 冒 軍 軍 渾 運 運

67
予 ヨ 4画
（筆順）マ マ 予 予

69
送 ソウ おくる 9画
（筆順）丶 丷 䒑 兰 关 关 送 送 送

69
住 ジュウ すむ すまう 7画
（筆順）ノ 亻 亻 仁 仁 住 住

◀練習《れん》しましょう。
筆順《ひつじゅん》 1 2 3 4 5

1 漢字の読み　読みがなを横に書きましょう。

① 運動会 ② 予定 ③ 六月一日 ④ 八十メートル走 ⑤ 通う ⑥ 送る ⑦ 住所

○新しく学習する漢字
●読み方が新しい漢字
◆とくべつな読み方をする言葉

通る
通う

④「通」には、二つの訓《くん》があるよ。

2 漢字の書き　漢字を書きましょう。

① 来月の□□《よてい》。
② 手紙を□《おく》る。

3 二年生の漢字　漢字を書きましょう。

① □《あさ》おきて、□《かお》をあらう。
② □□《しつない》で□□《にんぎょう》遊びをする。
③ □□《ごご》には、友だちが□《く》る。
④ □《おとうと》は、うさぎ□□《とうばん》だ。

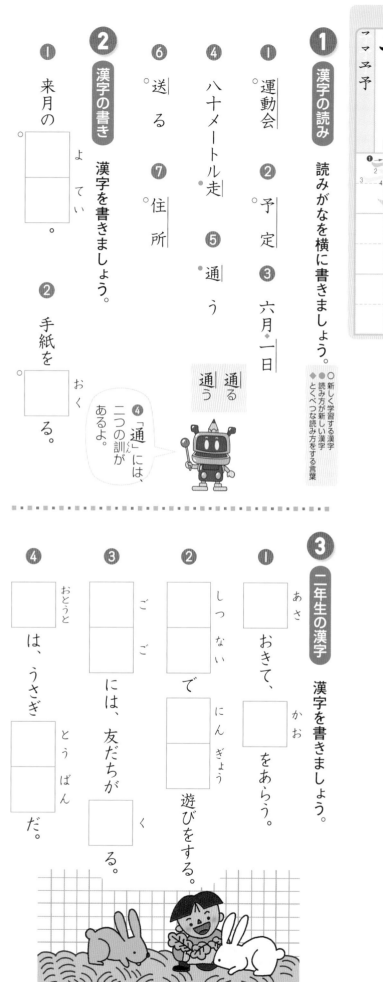

⑤ □□《こがたな》でもけいを□《つく》る。

⑥ □《はは》が□□《とうきょう》へ□《い》く。

☆気持ちをこめて、「来てください」

④ 次の手紙を読んで、問題に答えましょう。

みどりがきれいなきせつになりました。高村先生、□。わたしは元気です。

こんど、わたしが通う小学校で運動会がひらかれますので、ごあんないします。

日時　六月一日（土）
　午前九時から午後三時

場所　ひかり小学校　運動場

わたしは、八十メートル走とダンス、つな引きに出ます。毎日、れんしゅうをして、ダンスがうまくなりました。ぜひ、見に来てください。

五月十三日

土川りえ

高村みちる先生□

〈「気もちをこめて、『来てください』」による〉

① ② ③ ④

1 よく出る ①〜④には、どのようなことが書かれていますか。□からえらんで、記号で答えましょう。

①（　　）②（　　）③（　　）④（　　）

ア　つたえること　　イ　相手の名前
ウ　はじめのあいさつ　　エ　自分の名前

2 □に合う言葉を書きましょう。

相手の様子をたずねる言葉が入るよ。

（　　　　　　　　）

3 この手紙のないようとして合っているものは、どれですか。一つに○をつけましょう。

ア（　）運動会の様子をほうこくしている。
イ（　）運動会についてあんないしている。
ウ（　）運動会についてしつもんしている。

⑤ あんないの手紙を書くときに気をつけることは、何ですか。三つに○をつけましょう。

ア（　）来てほしい気持ちをつたえること。
イ（　）ていねいな言葉づかいで、字を正しく書くこと。
ウ（　）自分にひつようなじょうほうを書くこと。
エ（　）いつ・どこで・何をするかを書くこと。

ものしりメモ　はがきの数え方を知っているかな。用紙としては「1まい、2まい」と数えるけれど、出したりとどいたりしたはがきを数えるときは、手紙として「1通《つう》、2通」と数えるんだよ。

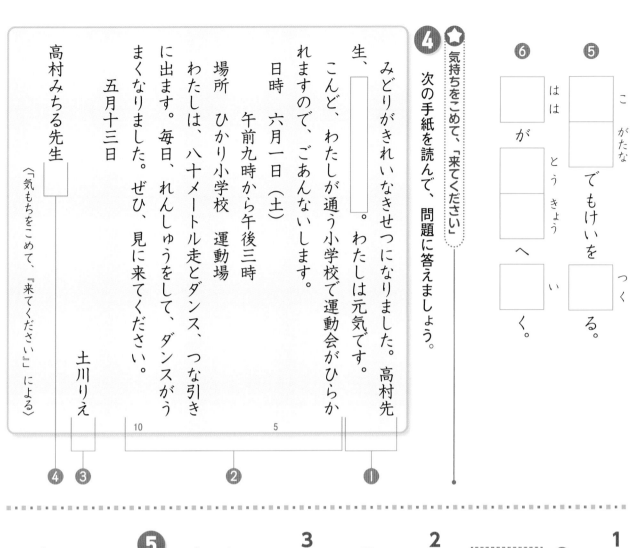

登場人物のへんかに気をつけて読み、すきな場面について話し合おう

きほんのワーク

まいごのかぎ

教科書 ㊤71～90ページ

答え 7ページ

勉強した日　月　日

もくひょう
●登場人物や出来事をおさえ、場面を読みとろう。
●人物の行動や様子から、気持ちのへんかをとらえよう。

おわったらシールをはろう

漢字練習ノート12ページ

新しい漢字

教科書73ページ

練習《れんしゅう》しましょう。 筆順《ひつじゅん》 1 2 3 4 5

教科書ページ	漢字	読み	画数
73	具	グ	8画
74	拾	ひろう	9画
74	向	コウ　むく　むける　むかう　むこう	6画
74	坂	さか	7画
76	悲	ヒ　かなしい　かなしむ	12画
77	緑	リョク　みどり	14画
80	開	カイ　ひらく　ひらける　あく　あける	12画
82	岸	ガン　きし	8画
86	路	ロ　じ	13画
88	感	カン	13画
89	対	タイ	7画

1 漢字の読み

読みがなを横に書きましょう。

⑴ 絵の具○
⑵ 拾○い上げる
⑶ 向○かう
⑷ 坂○
⑸ 金●具
⑹ 円●い
⑺ 悲○鳴●
⑻ 緑○色
⑼ 歩●道
⑽ 開○き
⑾ 羽●ばたく
⑿ 海●岸○
⒀ 路○線
⒁ 感○じる
⒂ 対○する

○新しく学習する漢字
●読み方が新しい漢字
◆とくべつな読み方をする言葉

3 言葉の意味

○をつけましょう。

⑴ 72ページ 歩きながらつぶやく。
ア（　）小さな声で話しかける。
イ（　）大きな声で話をする。
ウ（　）小声でひとり言を言う。

⑵ 75 葉ざくらが青々としている。

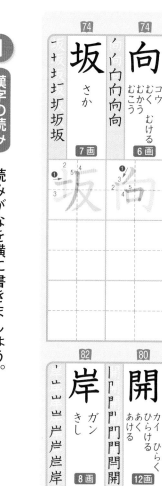

2 漢字の書き

漢字を書きましょう。

① 絵の□《ぐ》を使う。

② □《さか》を上る。

③ □□《ひめい》を上げる。

④ □□《みどりいろ》の葉。

⑤ □□《かいがん》を歩く。

⑥ バスの□□《ろせん》。

ないようをつかもう！

1 まいごのかぎ 物語のないようを読みとりましょう。 教科書 72〜87ページ

1 □に合う言葉を、□からえらんで書きましょう。

① りいこは、何を拾いましたか。

□

② ①の物を拾った後、りいこはどこに向かって歩きましたか。

□

家　交番　かぎ

2 りいこが見た順《じゅん》に、（　）に1〜4を書きましょう。

（　）バスていのかんばん

（　）魚の開き

（　）公園のベンチ

（　）さくらの木

ア（　）さくらと葉の形がにている木。

イ（　）花がちって、葉が出たさくら。

ウ（　）さくらの花びらのような葉。

③ 76 つぼみがみるみるふくらむ。

ア（　）あっという間に。

イ（　）一つずつ。

ウ（　）ぼんやりと。

④ 77 道の方に後ずさりする。

ア（　）前を向いたまま後ろに進む。

イ（　）後ろをふりかえって見る。

ウ（　）向きをかえてにげる。

⑤ 79 日だまりにねそべる。

ア（　）日が当たらない、さむい所。

イ（　）日が当たり、あたたかい所。

ウ（　）日ざしの強い、あつい所。

⑥ 79 ベンチにしのびよる。

ア（　）そっと近づく。

イ（　）いそいでおいかける。

ウ（　）ゆっくりはなれる。

⑦ 79 うらめしそうにふりかえる。

ア（　）まんぞくして、うれしそうに。

イ（　）めんどうで、いやそうに。

ウ（　）ざんねんで、ふまんそうに。

ものしりメモ 「かぎ」は、とびらなどを開けたりしめたりするためのものだけれど、「手がかり」という意味もあるよ。「じけんをとくかぎを見つける」などのように使われるよ。

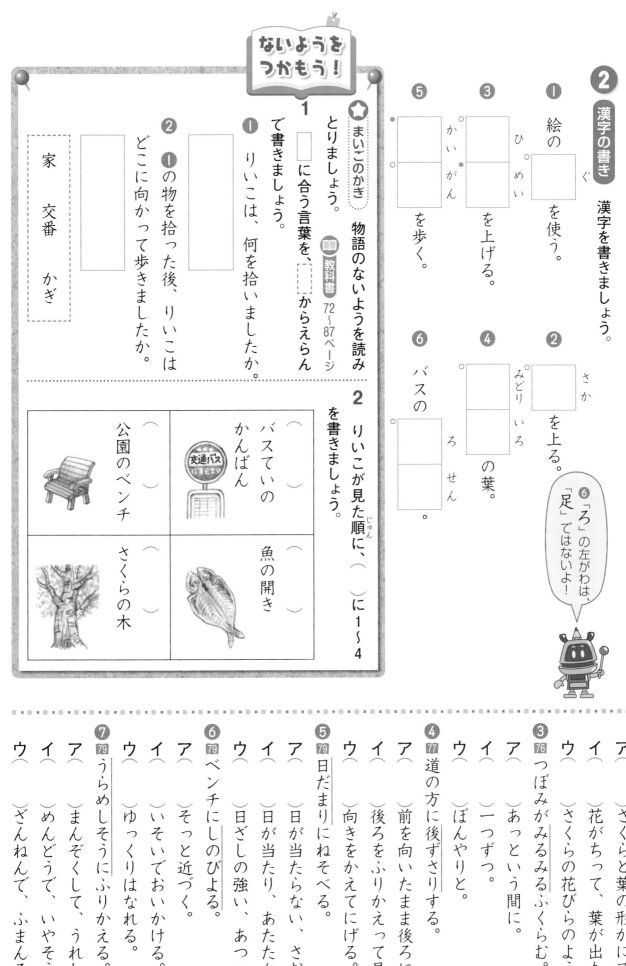

練習のワーク1

まいごのかぎ

教科書 上71～90ページ
答え 7ページ

できるナビ
りいこは、いつどんなことをしたのか、そのときどんな気持ちだったのかをとらえよう。

勉強した日 月 日

おわったらシールをはろう

次の文章を読んで、問題に答えましょう。

海ぞいの町に、ぱりっとしたシャツのような夏の風がふきぬけます。だけど、学校帰りの道を行くりいこは、うつむきがちなのです。

「またよけいなことをしちゃったな。」

りいこは、しょんぼりと歩きながら、つぶやきました。

三時間目の図工の時間に、みんなで学校のまわりの絵をかきました。りいこは、おとうふみたいなこうしゃが、なんだかさびしかったので、その手前にかわいいうさぎをつけ足しました。そしたら、友だちが、くすくすわらったのです。りいこは、はずかしくなって、あわてて白い絵の具をぬって、うさぎをけしました。そのとき、りいこの頭の中にたしかにいたはずのうさぎまで、どこにもいなくなった気がしたのです。うさぎにわるいことをしたなあ。思い出しているうちに、りいこは、どんどんうつむいていって、さいごは赤いランドセルだけが、歩いているように見えました。

1 「よけいなことをしちゃったな」とありますが、りいこは、何をしたのですか。

図工の時間に、学校のまわりの絵をかいたとき、おとうふみたいなこうしゃが、なんだか（　　）ので、手前に（　　）をつけ足した。

2 「うさぎをけしました」について答えましょう。

(1) りいこがうさぎをけしたのは、なぜですか。一つに○をつけましょう。

ア（　）自分の思ったように、うまくかけなかったから。
イ（　）どんなうさぎだったか、思い出せなかったから。
ウ（　）友だちにわらわれて、はずかしくなったから。

(2) りいこは、けしてしまったうさぎに対して、どのように思いましたか。

うさぎに（　　）。

3 よく出る● 「りいこは、どんどんうつむいていって、……歩いているように見えました」とありますが、このとき、りいこはどんな気持ちでしたか。一つに○をつけましょう。

言葉の意味プラス
3行 うつむきがち…下を見てばかりいる様子。 10行 あわてる…とてもいそぐ。
31行 まばたき…目をとじてすぐ開くこと。 35行 ゆるい坂…かたむきが大きくない坂。

ふと目に入ったガードレールの下のあたりに、かたむきかけた光がさしこんでいます。もじゃもじゃしたヤブガラシの中で、何かが、ちらっと光りました。

「なんだろう。」

りいこが拾い上げると、それは、夏の日ざしをすいこんだような、こがね色のかぎでした。家のかぎよりは大きくて、手に持つほうが、しっぽみたいにくるんとまいています。

「落とし物かな。」

そう、小さく、声に出しました。すると、かぎは、りいこにまばたきするかのように光りました。

りいこは、元気を出して顔を上げました。落とした人が、きっとこまっているにちがいない。帰り道の方角とはべつの、海べにある交番に向かって、ゆるい坂を下り始めました。

〈斉藤《さいとう》 倫《りん》「まいごのかぎ」による〉

ア（　）絵がうまくかけなかったので、くやしく思っている。

イ（　）自分のしたことがいやになり、落ちこんでいる。

ウ（　）友だちに分かってもらえなくて、こまっている。

「しょんぼりと」歩いていたりいこが、どんどん「うつむいていって」いるよ。

4 りいこが拾ったかぎについて答えましょう。

(1) どこでかぎを見つけましたか。

何かがちらっと光ったのは、どこだったかな。

（　　　　）の下の（　　　　）の中。

(2) どんなかぎでしたか。

色	（❶　　）色
大きさ	家のかぎよりは（❷　　）。
形	手に持つほうが、（❸　　）みたいにくるんとまいている。

5 よく出る りいこは、かぎを拾った後にどうしましたか。

［　　］を出して顔を上げ、かぎを［　　］へとどけようと、坂を下り始めた。

ものしりメモ 日本に広く生息《そく》しているうさぎに、「ニホンノウサギ（ノウサギ）」がいるよ。茶色っぽいすがたをしているけれど、雪が多いちいきでは、冬になると白い毛に生えかわるんだよ。

登場人物のへんかに気をつけて読み、すきな場面について話し合おう

練習のワーク2

まいごのかぎ

教科書 上71~90ページ

答え 7ページ

できるナビ
様子や気持ちを表す言葉に気をつけて、りいこの気持ちのへんかを読みとろう。

勉強した日　月　日

おわったらシールをはろう

次の文章を読んで、問題に答えましょう。

交番までは、もう少し。おうだん歩道をわたると しおのかおりがしてきます。道のわきに あみが立ててあり、魚の開きが一面にならべてありました。りょうしさんがあじのひものを作っているのです。そばを通るとき、中の一ぴきに、円いあなが空いているのに気がつきました。

「お魚に、かぎあななんて。」

へんだと思いながら、見れば見るほど、やはり、ただのあなではなさそうです。いつしかすいこまれるように、かぎをさしこんでいました。

カチャッ。たちまち、あじの開きは、小さなかもめみたいに、羽ばたき始めます。あっけにとられているうちに、あじは、目の前でふわふわとうかび上がりました。

りいこは、あわててとびつき、かぎを引きぬきました。開きは、元のあみの上に、ぽとりと落ちました。

「あぶない。海に帰っちゃうとこだった。」

わたし、やっぱりよけいなことばかりしてしまう。り

1 りいこは、一面にならべてある魚の開きのそばを通ったとき、どんなことに気がつきましたか。

その中の一ぴきに、（　　　　）が空いていること。

2 「かぎをさしこんでいました」とありますが、かぎをさしこむと、何がどうしましたか。

（　　　　）が（　　　　）始め、（　　　　）とうかび上がった。

ふしぎなことがおこったよ。

3 「悲しくなりました」とありますが、りいこが悲しくなったのは、なぜですか。

書いてみよう！

（　　　　）

りいこは、自分のことを、どんな子だと思っているのかな。

言葉の意味プラス
11行 羽ばたく…鳥などがつばさを広げて動かす。　11行 あっけにとられる…思いがけないことがおきて、とてもおどろく。　25行 またたく…光などが強くなったり弱くなったりする。

いこは、悲しくなりました。早く交番にとどけよう。

海岸通りをいそぎ始めたとき、ふとバスていのかんばんが目に入りました。「バス」という字の「バ」の点が、なぜか三つあるのです。その一つが、かぎあなに見えました。

「どうしよう。」

りいこはまよいました。よけいなことはやめよう。そう思ったばかりです。そのとき、点の一つが、ぱちっとまたたきました。

「これで、さいごだからね。」

いつしかりいこは、かんばんの前でせのびをしていました。カチンと音がして、かぎが回りました。ところが、何もおこりません。

ほっとしたような、がっかりしたような気持ちで、バスの時こく表を見て、りいこは「あっ。」と言いました。数字が、ありのように、ぞろぞろ動いているのです。五時九十二分とか、四十六時八百七分とか、とんでもないとうちゃく時こくになっています。

「すごい。」

りいこは、目をかがやかせました。でも、すぐに、わくわくした自分がいやになりました。りいこは、かぎをぬきとりました。

〈斉藤《さいとう》 倫《りん》「まいごのかぎ」による〉

4 バスていのかんばんの「バ」の点の一つが、かぎあなに見えたとき、りいこはどんな気持ちになりましたか。一つに○をつけましょう。

ア（　）ふしぎなことがおこりそうで、こわくなった。
イ（　）やっとかぎあなが見つかって、よろこんだ。
ウ（　）かぎをさそうかやめようか、まよった。

5 よく出る● 「カチンと音がして、かぎが回りました。」とありますが、この後のりいこの気持ちのへんかを表にまとめましょう。

気持ちを表す言葉に着目しよう。

出来事	りいこの気持ち
何もおこらない。	❶（　　）ような、❷（　　）ような気持ち。
時こく表の数字が動いて、とんでもないとうちゃく時こくになっていた。	❸ □□□□ した気持ち。

6 「りいこは、かぎをぬきとりました。」とありますが、なぜですか。一つに○をつけましょう。

ア（　）わるいことしかおきなくて、こわかったから。
イ（　）よろこんでいる自分が、いやになったから。
ウ（　）ほかのかぎあなを、さがそうと思ったから。

ものしりメモ 「ひもの」は、魚や貝などをほして作る食べ物だよ。水分がなくなることで、そのままとっておけるようになり、味がこくなって、おいしくなるよ。

きほんのワーク

俳句《はいく》を楽しもう

教科書 上91〜93ページ

答え 8ページ

勉強した日　月　日

もくひょう

●俳句を読んで、言葉の調子やひびきを楽しもう。
●俳句に表されているしぜんの様子をそうぞうしよう。

漢字練習ノート13ページ

おわったら シールを はろう

新しい漢字

教科書 91ページ

区　ク　4画
一 フ ヌ 区

92
陽　ヨウ　12画
⻖ ⻖ 阝 阝 阝日 阝旦 阝昜 陽 陽 陽

筆順《ひつじゅん》 1 2 3 4 5 練《れん》習しましょう。

93
整　セイ　ととのえる　ととのう　16画
束 敕 敕 敕 整 整

93
部　ブ　11画
立 咅 咅 部 部

1 漢字の読み　読みがなを横に書きましょう。

○新しく学習する漢字
●読み方が新しい漢字
◆とくべつな読み方をする言葉

1 調●子
2 ○区切る
3 ●東の空
4 ●太○陽
5 ○整える
6 ●歌詞《し》
7 一○部

2 漢字の書き　漢字を書きましょう。

1 文を（くぎ）る。
2 （たいよう）がしずむ。
3 服を（ととの）える。

3 次の俳句《はいく》についてせつめいした文の、（　）に合う言葉を、［　］からえらんで書きましょう。

（　　）の（　　）音《おん》のみじかい詩で、ふつうは、きせつを表す「（　　）」が入っている。

三十一	季語《き》	五・七・五・七・七
十七	ひらがな	五・七・五

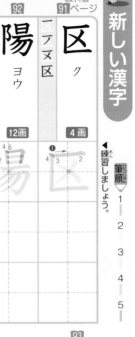

4 次の俳句を読んで、問題に答えましょう。

あ 山路《じ》来て何やらゆかしすみれ草《ぐさ》　松尾《まつお》 芭蕉《ばしょう》

山道を歩いてきたら、ふと見つけた道ばたのすみれ草に、なんとなく心が引かれるよ。

い 閑《しず》かさや岩にしみ入る蟬《せみ》の声　松尾 芭蕉

なんてしずかなんだろう。その中で、せみの声だけが、まるで岩の中にしみていくように聞こえている。

う 菜《な》の花や月は東に日は西に　与謝《よさ》 蕪村《ぶそん》

見わたすかぎりの菜の花ばたけ。月は東の空からのぼり始め、太陽は西にしずんでいく。

え 雪とけて村いっぱい《（いっぱい）》の子どもかな　小林《こばやし》 一茶《いっさ》

雪がとけて、子どもたちがいっせいに外に出てきて、村中にあふれかえっているよ。

1 よく出る● あの俳句は、どこで区切って読むと、調子よく読めますか。一つに○をつけましょう。

ア（　）山路／来て何やら／ゆかしすみれ草
イ（　）山路来て／何やら／ゆかしすみれ草
ウ（　）山路来て／何やらゆかし／すみれ草

2 あの俳句のきせつは春、いの俳句のきせつは夏です。季語（きせつを表す言葉）はどちらですか。○をつけましょう。

あ ア（　）山路　イ（　）すみれ草
い ア（　）岩　イ（　）蟬

3 い・うの俳句で、作者は何に着目していますか。合うものを下からえらんで●――●でむすびましょう。

い ・　　・ア 耳に聞こえてくる音。
う ・　　・イ はだにふれた感じ。
　　　　・ウ 目に入ってくるけしき。

4 えの俳句は、どんな様子を表したものですか。一つに○をつけましょう。

「村いっぱい」がどんな様子かを考えよう。

ア（　）雪が一面にふりつもって、よろこんだ子どもたちが走り回っている様子。
イ（　）雪がなくなったので、何がおきたのかと、子どもたちが外を見ている様子。
ウ（　）雪がとけた春になって、子どもたちが外に出てきて遊んでいる様子。

ものしりメモ 俳句の「季語」は、「歳時記《さいじき》」という本にまとめられているよ。「春」「夏」「秋」「冬」に「新年」をくわえた五つのグループに分けて、整理されているんだ。

こそあど言葉を使いこなそう
引用するとき

教科書 上 94～97ページ
答え 8ページ

もくひょう
●こそあど言葉の使い分けを知って、何を指しているかをつかもう。
●正しい引用のしかたを学ぼう。

勉強した日 月 日

おわったら シールを はろう

漢字練習ノート13～14ページ

新しい漢字

教科書 95ページ

◀練習しましょう。筆順《ひつじゅん》 1 2 3 4 5

95 泳 エイ およぐ 8画
丶 冫 氵 汀 汅 汾 泳 泳

95 練 レン ねる 14画
𠃋 幺 糸 紅 紅 絧 綀 練

95 助 ジョ たすける たすかる 7画
丨 冂 冃 月 目 助 助

95 童 ドウ 12画
亠 立 产 音 音 音 章 童 童

95 申 もうす 5画
丨 冂 日 日 申

「泳」は、右の部分に気をつけて書こう。

泳 点をわすれずに

1 漢字の読み

読みがなを横に書きましょう。

①近所 ②泳ぐ ③練習 ④助言
⑤童話 ⑥申しこむ ⑦引用 ⑧出典《てん》

○新しく学習する漢字
●読み方が新しい漢字
◆とくべつな読み方をする言葉

2 漢字の書き

漢字を書きましょう。

① プールで□《およ》ぐ。
② しあいの□□《れんしゅう》。
③ □□《どうわ》を読む。
④ 会に□《もう》しこむ。

3 こそあど言葉を使いこなそう

次の文字ではじまる「こそあど言葉」は、指ししめすものがどこにある場合に使われますか。下からえらんで、•—•でむすびましょう。

① こ •
② そ •
③ あ •
④ ど •

• ア 相手に近い場合。
• イ 話し手からも相手からも遠い場合。
• ウ 指ししめすものがはっきりしない場合。
• エ 話し手に近い場合。

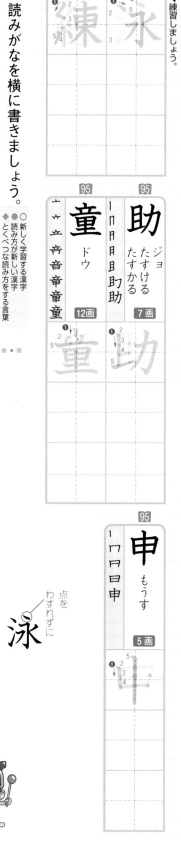

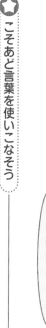

4 （　）に合う言葉を、[　]からえらんで書きましょう。

1 「あなたが持っている（　　　　）のみ物は、何ですか。」

「（　　　　）は、りんごジュースです。」

2 「向こうに止まっているバスの中で、京都《きょうと》に行くのは（　　　　）ですか。」

「緑色のバスが見えますか。（　　　　）が京都行きです。」

その　そこ　どれ　どこ　これ　あれ

5 次の文章のこそあど言葉に――を引き、それが何を指しているのか書きましょう。

1 わたしは、早ね早おきを心がけています。それが、きそく正しい生活のきほんだからです。

（　　　　　　　　）

2 ぼくは、きのう、母に本を買ってもらいました。朝の読書の時間には、これを読もうと思います。

（　　　　　　　　）

引用するとき

6 次の文は、引用についてせつめいしたものです。合うほうに○をつけましょう。

引用とは、{（　）ほかの人／（　）自分}の言葉を、{（　）ほかの人／（　）自分}の文章や話の中で使うことです。

7 引用するときには、どのような決まりがありますか。正しいものには○、まちがっているものには×をつけましょう。

ア（　）自分の言葉と引用がくべつできるように、かぎ（「」）をつけるなどして書く。

イ（　）自分の書く文章に合わせて、すきな部分を書きかえながら使う。

ウ（　）何から引用したのか分かるように、書いた人、本の題名、出版《ぱん》社、発行年などをしめす。

8 引用した言葉が書かれていた本やしりょうなどのことを、何といいますか。

（　　　　　　　　）

ものしりメモ　「こそあど言葉」は、物事を指ししめす（指し示《しめ》す）はたらきをすることから、「指示《じ》語」ともいわれるよ。

まとめのテスト

まいごのかぎ

教科書 上71～90ページ　答え 9ページ

時間 20分

とく点　/100点

おわったらシールをはろう

勉強した日　月　日

次の文章を読んで、問題に答えましょう。

「すごい。」

りいこは、目をかがやかせました。でも、すぐに、わくわくした自分がいやになりました。りいこは、かぎをぬきとりました。

「あれ。どうして。」

時こく表の数字は、元には、もどりませんでした。

りいこはこわくなって、にげるようにかけだしました。交番のある方へすなはまを横切ろうと、石だんを下りかけると、国道のずっと向こうから、車の音が聞こえてきます。ふり向くと、バスが十何台も、おだんごみたいにぎゅうぎゅうになって、やって来るのです。

「わたしが、時こく表をめちゃくちゃにしたせいだ。」

どうしよう。もう、交番にも行けない。おまわりさんにしかられる。りいこは、かぎをぎゅっとにぎりしめて、立ちすくんでしまいました。

きみょうなことは、さらにおこりました。つながってきたバスが、りいこの前で止まり、クラクションを、ファ、

1 「りいこはこわくなって、にげるようにかけだしました。」とありますが、こわくなったのは、なぜですか。一つに○をつけましょう。〔10点〕

ア（　）かぎをさしても、時こく表に何もおこらないから。

イ（　）かぎをぬいても、時こく表が元にもどらないから。

ウ（　）わくわくするうちに、かぎがぬけなくなったから。

2 りいこが石だんを下りかけたとき、どんなことがおきましたか。〔10点〕

（　　　　）が十何台もやって来た。

3 「もう、交番にも行けない。」とありますが、りいこがこのように思ったのは、なぜですか。〔15点〕

書いてみよう！

（　　　　）

4 「はっと気づいた」について答えましょう。

(1) りいこは、何を見て、はっと気づいたのですか。〔10点〕

ダンスをするバスの、□□□□な様子。

ファ、ファーン、と、がっそうするように鳴らしたのです。そして、リズムに合わせて、くるくると、向きや順《じゅん》番をかえ始めました。りいこは、目をぱちぱちしながら、そのダンスに見とれていました。

「なんだか、とても楽しそう。」

そして、はっと気づいたのです。もしかしたら、あのさくらの木も、楽しかったのかもしれない。どんぐりのみをつけたのは、きっと春がすぎても、みんなと遊びたかったからなんだ。ベンチも、たまには公園でねころびたいだろうし、あじだって、いちどは青い空をとびたかったんだ。

「みんなも、すきに走ってみたかったんだね。」

しばらくして、バスはまんぞくしたかのように、一台一台といつもの路線に帰っていきました。そのとき、一つのまどの中に、りいこはたしかに見たのです。図工の時間にけしてしまった、あのうさぎが、うれしそうにこちらに手をふっているのを。

りいこもうれしくなって、大きく手をふりかえしました。にぎっていたはずのかぎは、いつのまにか、かげも形もなくなっていました。りいこは、夕日にそまりだした空の中で、いつまでも、その手をふりつづけていました。

〈斉藤《さいとう》 倫《りん》「まいごのかぎ」による〉

チャレンジ

(2) 何がどうしたかったと気づいたのですか。 一つ10〔30点〕

何が	どうしたかった
さくらの木	春がすぎても、みんなと遊びたかった。
ベンチ	❶（　　）
❷（　　）	いちどは青い空をとびたかった。
バス	❸（　　）

5 よく出る バスが帰っていくとき、りいこはバスのまどの中に何を見ましたか。 一つ5〔10点〕

図工の時間にけしてしまった（　　）が、（　　）にこちらに手をふっているすがた。

6 よく出る 「りいこは、……いつまでも、その手をふりつづけていました。」とありますが、手をふりつづけていたのは、なぜですか。一つに○をつけましょう。〔15点〕

ア（　）バスがいつもの路線に帰り、全て元にもどったことがうれしかったから。

イ（　）おそろしいかぎが、いつのまにかきえてなくなっていたことがうれしかったから。

ウ（　）自分のしたことがみんなをよろこばせていたと気づいて、うれしかったから。

ものしりメモ 「クラクション」は、車できけんを知らせるときなどに使うものだね。もともと「クラクソン」というフランスの会社が作ったことから、日本ではこのようによばれるようになったよ。

つたえたいことをはっきりさせて、ほうこくする文章を書こう

きほんのワーク

仕事のくふう、見つけたよ
符《ふ》号など／きせつの言葉2　夏のくらし

教科書 上98～105ページ

答え 10ページ

勉強した日　月　日

もくひょう
- 調べたことをほうこくする文章の組み立てと書き方を学ぼう。
- 符号のはたらきを知って、正しく使おう。

おわったらシールをはろう

漢字練習ノート14～15ページ

新しい漢字

教科書100ページ

◀筆順《じゅん》 練《れん》習しましょう。 1 2 3 4 5

教科書	漢字	読み	画数
100	品	ヒン　しな	9画
100	商	ショウ	11画
101	客	キャク	9画
103	式	シキ	6画
103	去	キョ　コ　さる	5画
103	倍	バイ	10画
103	筆	ヒツ　ふで	12画
103	銀	ギン	14画

1 漢字の読み

読みがなを横に書きましょう。

○新しく学習する漢字
●読み方が新しい漢字
◆とくべつな読み方をする言葉

① ◆大人
② 食○品
③ ○商品
④ お○客様
⑤ 総《そう》●合的《てき》
⑥ 句《く》●読点
⑦ ●入学○式
⑧ ●晴天
⑨ ◆今年
⑩ ○去年
⑪ 二○倍
⑫ ●毛○筆
⑬ ○銀行
⑭ ●同時
⑮ ●直線
⑯ ◆二日
⑰ ●白玉

2 漢字の書き

漢字を書きましょう。

① □□《しょうひん》をならべる。

② 店のお□□《きゃくさま》。

③ □□《きょねん》の夏。

④ □□《ぎんこう》の入り口。

3 仕事のくふう、見つけたよ

ほうこくする文章は、どのような組み立てで書くとよいですか。（　）に合う言葉を、［　］からえらんで書きましょう。

はじめ
1．調べたきっかけや（　　　）
2．（　　　）
↓
中
3．調べて分かったこと
↓
おわり
4．（　　　）

［ まとめ　調べ方　理由 ］

4

ほうこくする文章を書くときに気をつけることとして正しいものには○、まちがっているものには×をつけましょう。

ア（　）分かったことと考えたことをくべつして書く。

イ（　）自分のすきなことだけを、気持ちをこめて書く。

ウ（　）読む人に分かりやすくなるように、れいをあげる。

エ（　）見せたいものが分かりやすい絵やしゃしんを使う。

5 符《ふ》号など

符号のせつめいとして合うものを下からえらんで、•—•でむすびましょう。

① 句《く》点（。）•　　• ア 言葉をならべる場合に使う。

② 読点（、）•　　• イ 文のおわりにうつ。

③ 中点（・）•　　• ウ せつめいをおぎなう場合や、言い切りにせず、とちゅうで止める場合に使う。

④ ダッシュ（——）•　　• エ 文の中の意味の切れ目にうつ。

⑤ かぎ（「　」）•　　• オ 会話、書名・題名、思ったこと、ほかの文と分けたい言葉や文をしめす場合に使う。

6 きせつの言葉2　夏のくらし

夏らしい食べ物として知られているものは、どれですか。四つに○をつけましょう。

ア（　）かき氷　　イ（　）さつまいも

ウ（　）そうめん　　エ（　）ところてん

オ（　）白玉　　カ（　）おせち

ものしりメモ
朝顔は、夏にさく花だね。でも、7月と8月は、昔は「秋」ととらえられていたので、昔の人にとっては「秋」を感じさせる花だったんだ。時代《だい》がかわると、感じ方もかわるんだね。

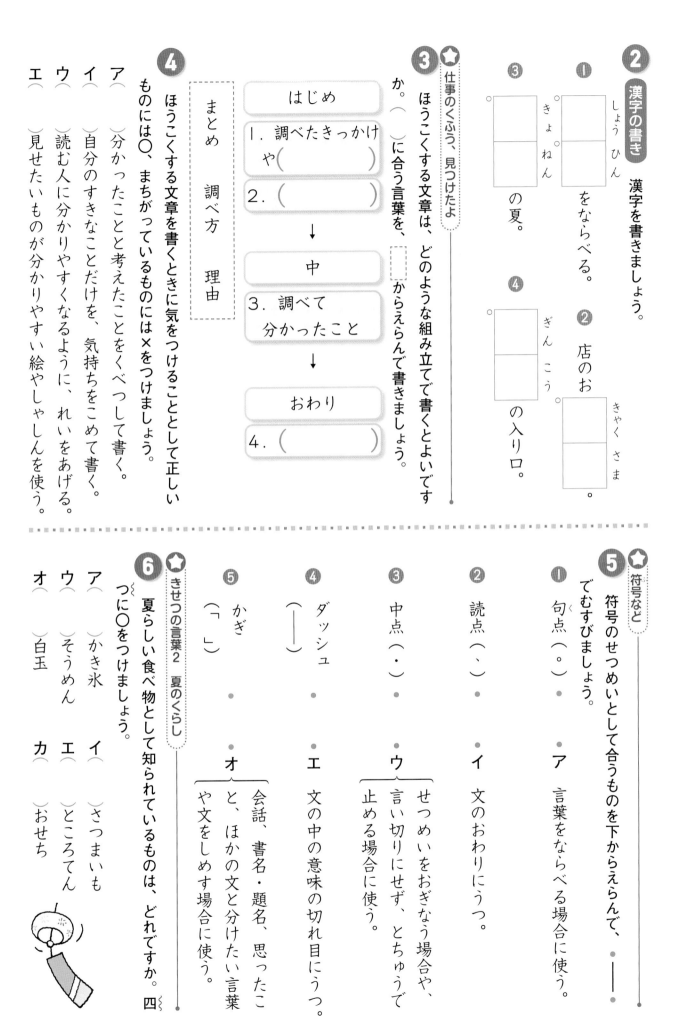

まとめのテスト

仕事のくふう、見つけたよ

教科書 上98～105ページ

答え 10ページ

時間 20分

とく点 /100点

おわったらシールをはろう

勉強した日 月 日

土川さんが書いた、ほうこくする文章を読んで、問題に答えましょう。

スーパーマーケットの商品のならべ方のくふう

土川 りえ

１．調べたきっかけや理由

わたしは、家の人に買い物をたのまれて、よくスーパーマーケットに行きます。いつも、どのように商品をならべるのかが気になっていました。そこで、商品のならべ方のくふうについて、調べることにしました。

２．調べ方

本を読んでスーパーマーケットについて調べてから、ひかりスーパーの見学をしました。また、店長の木村さんに話をうかがいました。

３．調べて分かったこと

⑴せんでんした商品のおき方

㋐

「スーパーマーケットの仕事」という本に、「商品は、ちらしでせんでんする」と書いてあったので、まず、そのことについて木村さんに話をうかがいました。

ひかりスーパーでは、ちらしでせんでんした商品の前に、「おすすめ品」と書いたふだを立てて売っているそうです。木村さんは、「おすすめ品は、お客様がよく通る場所に、できるだけ広くおくようにして目立たせます。」とおっしゃっていました。

〈「仕事のくふう、見つけたよ」による〉

言葉の意味プラス

13行 せんでん…よいところを広めること。 15行 ちらし…せんでんのないようを書いた紙。

1 よく出る● 土川さんは、スーパーマーケットの何について調べたと書いていますか。〔15点〕

（　　　　　　　　）

2 土川さんが**1**について調べようと思ったのは、なぜですか。〔15点〕

買い物でスーパーマーケットに行ったときに、（　　　　　　）から。

3 土川さんは、**1**のことについて、どのように調べたと書いていますか。一つ5〔15点〕

●スーパーマーケットについての（　　　）を読んだ。

●ひかりスーパーの（　　　）をした。

●ひかりスーパーの（　　　）に話を聞いた。

4 土川さんの文章のせつめいとして正しいものには○、まちがっているものには×をつけましょう。一つ5〔15点〕

ア（　）ないようのまとまりごとに、見出しをつけている。

イ（　）調べて分かったことに、考えたことをまぜながら書いている。

ウ（　）本の題名や、話を聞いた人の名前を書いている。

5 よく出る● 次は、土川さんが調べたことのメモです。土川さんは、どのないようをえらんで文章に書いていますか。合うもの二つに、○をつけましょう。一つ10〔20点〕

本に書いてあったこと

ア（　　）スーパーマーケットでは、食品を中心とした商品を売っている。

イ（　　）商品は、ちらしでせんでんする。

ひかりスーパーの店長さんの話

ウ（　　）ちらしでせんでんした商品の前に、「おすすめ品」のふだを立てる。

エ（　　）やさい売り場をきれいに見せるために、色のちがうやさいどうしを、横にならべている。

〈「仕事のくふう、見つけたよ」による〉

6 チャレンジ ㋐には、どのようなしゃしんを入れるとよいですか。一つに○をつけましょう。〔20点〕

ア（　）

イ（　）

ウ（　）

ものしりメモ

スーパーマーケットは、食料《りょう》品を中心とした日用品を売る店だよ。「スーパー」は英《えい》語で「とくにすぐれた」、「マーケット」は「市場《いちば》」のことで、「市場をこえる店」という意味でつけられた名前だよ。

きほんのワーク

本で知ったことをクイズにしよう
鳥になったきょうりゅうの話

教科書 上106～117ページ

答え 10ページ

勉強した日 月 日

もくひょう
●図鑑《かん》や科学読み物などの本について知ろう。
●本の目次やさくいんについて知り、活用しよう。

おわったらシールをはろう

新しい漢字

教科書108ページ

漢字	読み	画数	筆順
植 (108)	ショク うえる うわる	12画	十 木 木 村 村 枯 植 植
集 (108)	シュウ あつまる あつめる	12画	イ イ' 忄 什 隹 隹 隼 集
化 (111)	カ ばける ばかす	4画	ノ イ 亻 化
死 (115)	シ しぬ	6画	一 丆 歹 歹 歹 死
都 (116)	ツ ト みやこ	11画	一 + 土 耂 者 者 都 都

◀練習しましょう。 筆順《じゅん》 1 2 3 4 5

○新しく学習する漢字
●読み方が新しい漢字
◆とくべつな読み方をする言葉

漢字練習ノート15ページ

1 漢字の読み

読みがなを横に書きましょう。

① 新たな　② 植物
③ 集める　④ 化石
⑤ 地面　⑥ 死にたえる
⑦ 都合

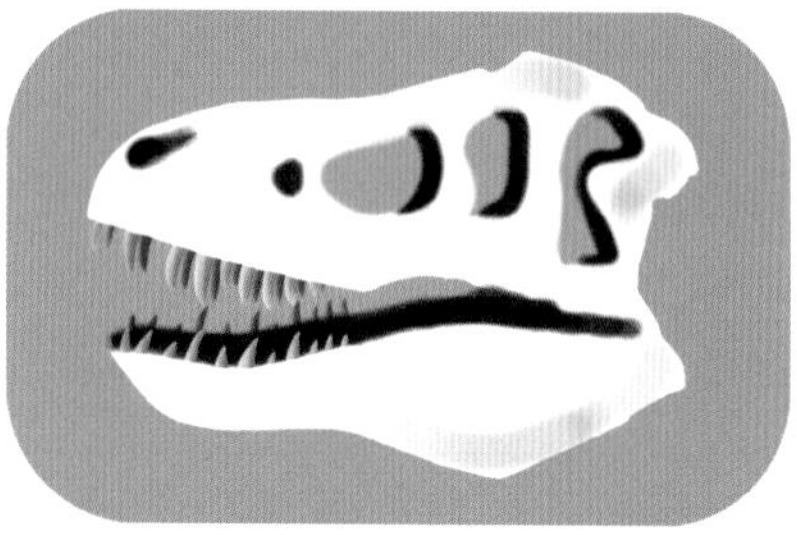

2 漢字の書き

漢字を書きましょう。

① しょくぶつ をそだてる。
② 本を あつ める。
③ かせき を見る。
④ つごう がよい。

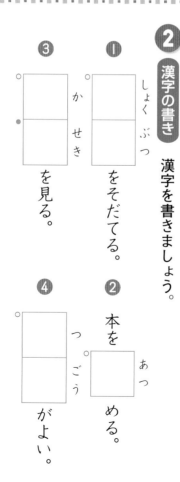

本で知ったことをクイズにしよう

3 次の言葉のせつめいに合うものを、[　]からえらんで、（　）に記号で答えましょう。また、言葉に合うものを下からえらんで・――・でむすびましょう。

① 目次（　）・　　・あ

② さくいん（　）・　　・い

あ

【ア】	
アカキツネ	70
アザラシ	93
アシカ	22
アナグマ	45
アフリカゾウ	16
アマガエル	65
アライグマ	32
【イ】	
イタチ	84
イヌ	56
イノシシ	29

い

春の植物	2
・草花	2
・木	10
夏の植物	18
・草花	18
・木	26
秋の植物	34
・草花	34
・木	42
冬の植物	50
・草花	50
・木	58

ア　本のはじめにあり、書かれている順《じゅん》に見出しをならべ、はじまりのページをしめしている。

イ　本の中に出てくる言葉や物事をぬき出して五十音順《じゅん》に整理し、どのページにあるかをしめしている。

4 次の言葉のせつめいに合うものを、下からえらんで、・――・でむすびましょう。

① 図鑑《かん》・　　・ア　絵やしゃしん、図などを使い、一さつに同じなかまのものを数多く集めてしょうかいしている本。

② 科学読み物・　　・イ　ふつう、一つの物事についてくわしくせつめいしている本。

5 読む本のしゅるいや目的《てき》によって、読み方を使い分ける場合、どのような読み方がありますか。（　）に合う言葉を[　]からえらんで書きましょう。

・はじめからおわりまで（　　）に読む。

・まず本全体を（　　）に読んでから、大事だと思ったところを読みかえす。

・目次やさくいんを使って、（　　）なところだけを読む。

ひつよう　ていねい　おおまか

ものしりメモ　「恐竜《きょうりゅう》の飼《か》いかた教えます」という本があるよ。きょうりゅうのとくちょうをもとに、飼うときのちゅうい点が書かれているんだ。きょうみのある人は読んでみてね。

練習のワーク

鳥になったきょうりゅうの話

教科書 上106～117ページ
答え 11ページ

できるナビ
どのようなきょうりゅうが、どのようにして生きのび、今の鳥につながったのか読みとろう。

勉強した日　月　日

おわったらシールをはろう

次の文章を読んで、問題に答えましょう。

ところで、きょうりゅうは、みな大きかったわけではありません。なかには、ねこや犬ぐらいの大きさのきょうりゅうもいて、すばやく走り回りながら、とかげやねずみに にた動物などをつかまえて食べていました。これらの小さなきょうりゅうたちにも、羽《う》毛が生えているものがいました。

やがてそれらの中に、木の上でくらすものがあらわれました。木の上なら、地面の上とちがって てきにおそわれることも少ないし、えさとなる虫などもたくさんいたからです。

これらのきょうりゅうは、体がかるかったので、手あしをバタバタと動かして木に登ることができました。

木の上で生活を始めたきょうりゅうたちのしそんは、

1 「それらの中に、木の上でくらすものがあらわれました」について答えましょう。

(1) 「それら」とは、何ですか。

（　　　　）が生えている、（　　　　）きょうりゅうたち。

(2) よく出る　木の上でくらすようになったのは、なぜですか。二つに○をつけましょう。

木の上にいると、どんないいことがあるのかな。

ア（　）えさとなる虫などがたくさんいたから。
イ（　）もともと木登りがとてもとくいだったから。
ウ（　）木の上は、てきにおそわれることが少ないから。
エ（　）地面の上には、もうすむ場所がなかったから。
オ（　）とかげやねずみに にた動物をつかまえられるから。

2 小さなきょうりゅうが、木に登ることができたのは、なぜですか。

体が（　　　　）から。

言葉の意味プラス
5行 羽毛…鳥の表面に生えているやわらかい羽。　16行 しそん…子どもやまごなど、後の世代《だい》のものたち。　21行 つばさ…とぶための羽。　30行 死にたえる…一族《ぞく》がみんな死んでしまう。

とても長い年月《としつき》がたつうちに、木から木へととびうつってくらすようになりました。

そして、それらのしそんの中には、手あしに生えている羽毛が長くのびて、つばさの形になったものがあらわれたのです。

やがて、空をとべるようになったきょうりゅうたちは、食べ物をもとめて遠くまでとんでいくようになりました。

そのころの地球では、地上を歩く大きなきょうりゅうと、つばさのある小さなきょうりゅうとが、いっしょにえさをとるすがたが見られたことでしょう。

ところが、今から六千六百万年ほど前のこと、地球の様子が大きくかわり、大きなきょうりゅうのなかまはほとんど死にたえてしまいます。けれども、つばさをもち、とぶことのできる小さなきょうりゅうのしそんだけは、生きのこりました。そして、これらのきょうりゅうは、今でもすがたをかえて生きているのです。

それが鳥なのです。鳥は、生きのこったきょうりゅうだったのです。

〈大島《おおしま》 英太郎《えいたろう》「鳥になったきょうりゅうの話」による〉

3 よく出る 「空をとべるようになったきょうりゅうたち」とありますが、空をとべるようになったのは、なぜですか。

手あしの［　　］が長くのびて、［　　　］の形になったから。

空をとぶための羽は、どうやってできたのかな。

4 大きなきょうりゅうのなかまがほとんど死にたえたのは、いつごろですか。

（　　　　　　）

5 小さなきょうりゅうとそのしそんが、生きのこるまでの順番《じゅん》になるように、（　）に1〜4を書きましょう。

（　）地球の様子が大きくかわっても、生きのこった。

（　）空をとべるようになった。

（　）木から木へととびうつってくらすようになった。

（　）羽毛の生えているものたちの中に、木の上でくらすものがあらわれた。

6 「これらのきょうりゅうは、今でもすがたをかえて生きているのです」とありますが、すがたをかえて、何になりましたか。

（　　　　　　）

ものしりメモ 「始祖鳥《しそちょう》」などの、もっとも古い鳥のなかまがあらわれたのは、1億《おく》5000万年くらい前のことではないかといわれているよ。でも、まだ正確《かく》なことはあまり分かっていないんだ。

まとめのテスト

鳥になったきょうりゅうの話

教科書 上106～117ページ
答え 11ページ
時間20分
とく点 /100点
おわったらシールをはろう
勉強した日 月 日

次の文章を読んで、問題に答えましょう。

やがて、空をとべるようになったきょうりゅうたちは、食べ物をもとめて遠くまでとんでいくようになりました。

そのころの地球では、地上を歩く大きなきょうりゅうと、つばさのある小さなきょうりゅうとが、いっしょにえさをとるすがたが見られたことでしょう。

ところが、今から六千六百万年ほど前のこと、地球の様子が大きくかわり、大きなきょうりゅうのなかまはほとんど死にたえてしまいます。けれども、つばさをもち、とぶことのできる小さなきょうりゅうのしそんだけは、生きのこりました。そして、これらのきょうりゅうは、今でもすがたをかえて生きているのです。

それが鳥なのです。鳥は、生きのこったきょうりゅう

→

1 よく出る 「今から六千六百万年ほど前のこと」とありますが、このころにどんなことがありましたか。〔15点〕

地球の様子がかわったことで、（　　　　）。

2 「それが鳥なのです。」とありますが、「それ」とは何のことですか。一つに○をつけましょう。〔10点〕

ア（　）大きなきょうりゅうが、生きのこるために小さくなったもの。

イ（　）体の大きさにかんけいなく、きょうりゅうの中でつばさのあるもの。

ウ（　）空をとぶことのできる小さなきょうりゅうが、すがたをかえたもの。

3 よく出る 鳥ときょうりゅうは、何がにていますか。一つ10〔20点〕

（　　　　）などの、（　　　　）がにている。

→

言葉の意味プラス
1行 やがて…時間がすぎて。 24行 都合がいい…具合がよい。ちょうどいい。
26行 みつ…花から出るあまいしる。

だったのです。

鳥ときょうりゅうとでは、ずいぶんちがっているように見えますね。でも、ほねやあしのつき方など体のつくりをよく調べてみると、とてもにているのです。

大きさはどうでしょう。ほとんどの鳥は、きょうりゅうよりずっと小さな体をしています。なぜ、鳥たちは、このように小さくなったのでしょう。

それは、空をとぶには、小さくてかるい体のほうが都合がいいからです。また、小さければ食べ物も少なくてすみます。小さくなった鳥は、花のみつや草のたねなど、ほんの少しのえさを食べて生きていけるようになったのです。

ところで、鳥の中には、とてもうつくしい羽《う》毛をもつものもいます。昔のきょうりゅうがどんな色をしていたのかは、長い間、そうぞうするしかありませんでした。しかし、手がかりがのこった羽毛の化石が見つかり、少しずつきょうりゅうの色が分かってきています。もしかしたら、おしどりのように色あざやかなきょうりゅうもいたかもしれませんね。

〈大島《おおしま》 英太郎《えいたろう》「鳥になったきょうりゅうの話」による〉

4 「なぜ、鳥たちはこのように小さくなったのでしょう。」とありますが、鳥たちが小さくなった理由を二つ書きましょう。　一つ15〔30点〕

（　　　　　　）

（　　　　　　）

5 「ほんの少しのえさ」とありますが、どんなえさを食べるのですか。　〔10点〕

□□□□□□□□□ など。

チャレンジ!

6 きょうりゅうの色についてせつめいしたものとして、正しいものには○、まちがっているものには×をつけましょう。　一つ5〔15点〕

ア（　）長い間、昔のきょうりゅうの色については、そうぞうするしかなかった。

イ（　）手がかりがのこった羽毛の化石から、きょうりゅうの色が分かってきている。

ウ（　）つばさのあるきょうりゅうは、色あざやかな羽毛だったことが分かっている。

ものしりメモ

鳥の中でも、世界でいちばん小さい鳥といわれるのが、マメハチドリだよ。体長は6cmくらい。体重はなんと2グラム。1円玉2枚《まい》の重さしかないんだ。

きほんのワーク

わたしと小鳥とすずと
夕日がせなかをおしてくる

教科書 上 118～121ページ

答え 12ページ

勉強した日 月 日

もくひょう
- 表現《げん》を味わい、詩の言葉にこめられた気持ちを考えよう。
- それぞれの連《れん》のないようをとらえよう。

漢字練習ノート16ページ

おわったら シールを はろう

新しい漢字

教科書 118ページ

両 リョウ　6画
筆順：一 丆 冂 币 両 両

121

負 フ　まける　まかす　おう　9画
筆順：ノ ク 𠂊 各 鱼 角 𧴪 負 負

◀練習しましょう。 筆順 1 2 3 4 5

「負」の下の部分は「ハ」だよ。「几」ではないので気をつけよう。

負

1 漢字の読み　読みがなを横に書きましょう。

○ 新しく学習する漢字
● 読み方が新しい漢字
◆ とくべつな読み方をする言葉

1. ○両手
2. ○負ける

2 漢字の書き　漢字を書きましょう。

1. ○□□《りょうて》を広げる。
2. しあいに○□《ま》ける。

3 言葉の意味　○をつけましょう。

1. 118ページ 人の話をちっとも聞かない。
   - ア（　）少ししか。
   - イ（　）全く。
   - ウ（　）とっても。
2. 119ページ からだをゆする。
   - ア（　）ゆらゆらと動かす。
   - イ（　）ゆっくりのばす。
   - ウ（　）左右《さゆう》にねじる。
3. 120 うっかりねすごす。
   - ア（　）ねないですごしてしまう。
   - イ（　）夜おそくまでおきてしまう。
   - ウ（　）予定よりも長くねてしまう。
4. 121 弟に向かってどなる。
   - ア（　）悲しんでなく。
   - イ（　）大きな声でさけぶ。
   - ウ（　）ひそひそと話す。

4 次の詩を読んで、問題に答えましょう。

わたしと小鳥とすずと

金子《かねこ》　みすゞ《(ず)》

わたしが両手をひろげても、
お空はちっともとべないが、
とべる小鳥はわたしのように、
地面《じべた》をはやくは走れない。

わたしがからだをゆすっても、
きれいな音はでないけど、
あの鳴るすずはわたしのように
たくさんなうたは知らないよ。

すずと、小鳥と、それからわたし、
みんなちがって、みんないい。

1 よく出る　この詩は、何連《れん》の詩ですか。

（　　）連

2 この詩は、第《だい》一連で「わたし」と小鳥を、第二連で「わたし」とすずをくらべています。それぞれ、どんなことができるのですか。表にまとめましょう。

第一連	わたし	❶
第一連	小鳥	❷
第二連	わたし	❸
第二連	すず	❹

3 よく出る　「みんなちがって、みんないい」とありますが、どういうことですか。一つに○をつけましょう。

ア（　）みんな一人一人ちがっているので、分かり合えなくてもしかたがないということ。

イ（　）みんなそれぞれにちがっていて、だからこそ、どれもすばらしいということ。

ウ（　）みんなにちがいがあってもなくても、そんなことはどうでもいいということ。

ものしりメモ　金子《かねこ》みすゞ《(ず)》さんは、大正《たいしょう》時代《だい》から昭和《しょうわ》時代にかけて作品を発表した詩人だよ。「わたしと小鳥とすずと」は代《だい》表作で、曲もつけられているよ。

まとめのテスト 夕日がせなかをおしてくる

教科書 ㊤118～121ページ
答え 12ページ
時間20分
とく点 /100点
おわったらシールをはろう
勉強した日 月 日

次の詩を読んで、問題に答えましょう。

夕日がせなかをおしてくる

阪田《さかた》 寛夫《ひろお》

夕日がせなかをおしてくる
まっかなうでで おしてくる
歩くぼくらの うしろから
でっかい声で よびかける

さよなら さよなら
さよなら きみたち
ばんごはんがまってるぞ
あしたの朝ねすごすな

1 一日のうちの、いつのことを書いた詩ですか。一つに○をつけましょう。〔15点〕

ア（　）朝
イ（　）昼
ウ（　）夕方

2 よく出る 「夕日がせなかをおしてくる／まっかなうででおしてくる」は、どのような様子を表していますか。一つに○をつけましょう。〔15点〕

ア（　）まっかな夕日の光を、前からあびている様子。
イ（　）まっかな夕日の光が、うしろから当たっている様子。
ウ（　）まっかな夕日の光が、うでの形に見える様子。

3 よく出る 詩の中の「さよなら」について答えましょう。

(1) 第一連の「さよなら」は、だれが、だれに、どのような声で言っていますか。 一つ5〔15点〕

［　　　］が、［　　　］に、［　　　　］声で言っている。

言葉の意味プラス
4行 でっかい…大きな。 12行 ぐるり…ひと回りする様子。

夕日がせなかをおしてくる
そんなにおすなあわてるな
ぐるりふりむき太陽に
ぼくらも負けずどなるんだ
さよなら　さよなら
さよなら　太陽
ばんごはんがまってるぞ
あしたの朝ねすごすな

(2) 第二連の「さよなら」は、だれがだれに言っていますか。　一つ5〔10点〕

［　　　］が、［　　　］に言っている。

4 「さよなら　さよなら／さよなら　太陽」は、どのように音読するとよいですか。一つに○をつけましょう。〔15点〕

ア（　）大きな声で、元気よく読む。
イ（　）小さな声で、やさしく読む。
ウ（　）ひくい声で、おこったように読む。

5 第二連で「ぼくら」がやったことを絵であらわすと、どうなりますか。合うほうに○をつけましょう。〔15点〕

ア（　）

イ（　）

チャレンジ！

6 この詩のせつめいとして正しいものには○、まちがっているものには×をつけましょう。　一つ5〔15点〕

ア（　）同じ言葉がくりかえし使われている。
イ（　）「ぼくら」の気持ちをそのまま書いている。
ウ（　）人でないものを人のように表している。

ものしりメモ
阪田寛夫《さかたひろお》さんは昭和《しょうわ》から平成《へいせい》にかけて作品を発表した詩人で、「サッちゃん」や「おなかのへるうた」なども書いているよ。「夕日がせなかをおしてくる」にも曲がついているんだ。

勉強した日　月　日

きほんのワーク　こんな係がクラスにほしい／ポスターを読もう／書くことを考えるときは

教科書 上 122〜129ページ

答え 12ページ

もくひょう
- 話し合いを通してどのように考えを広げるのかを学ぼう。
- ポスターの読み方を身《み》につけよう。

おわったらシールをはろう

新しい漢字

教科書122ページ

▼練習しましょう。筆順《ひつじゅん》 1 2 3 4 5

漢字	読み	画数	筆順
係 (122)	ケイ　かかる　かかり	9画	亻 亻 仫 伾 伾 係 係 係 係
員 (123)	イン	10画	丨 冂 口 口 尸 冐 冐 冒 員 員
祭 (125)	サイ　まつる　まつり	11画	ノ ク 夕 夕 夕 夕 祭 祭 祭 祭 祭
業 (128)	ギョウ	13画	‥ ‥ 业 业 业 业 业 業 業

漢字練習ノート16ページ

1 漢字の読み　読みがなを横に書きましょう。

① 係　② 全員　③ 祭り　④ 農作業

○新しく学習する漢字
●読み方が新しい漢字
◆とくべつな読み方をする言葉

2 漢字の書き　漢字を書きましょう。

① □《かかり》の仕事。　② 夏□《まつ》り。

③ □□□《のうさぎょう》をする。

3 こんな係がクラスにほしい

クラスにほしい係についてグループで話し合うときは、どのようにするとよいですか。合うものには○、合わないものには×をつけましょう。

ア（　）思いついた係の名前などを、ふせんに書き出す。

イ（　）その係をほしいと思う理由や目的《てき》も出し合う。

ウ（　）その係の仕事のないようは、考えなくてもよい。

4

話し合って考えを広げるときに大切なこととして、合うものには○、合わないものには×をつけましょう。

ア（　）全員が意見を出し、おたがいの考えをみとめ合う。

イ（　）みんなの考えに合いそうな意見だけを出す。

ウ（　）出された意見について、しつもんしたり、考えを足したりする。

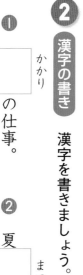

ポスターを読もう

5 山田さんの住むちいきでは、「ぶどうがり大会」が行われます。ⓐ・ⓘはそのポスターです。これらのポスターを読んで、問題に答えましょう。

ⓐ

ⓘ

1 どちらのポスターにも書いてあるのは、どんなないようですか。二つに○をつけましょう。

大切なじょうほうは、どちらにも書いてあるね。

ア（　）会場の場所。
イ（　）ぶどうがり大会の日づけ。
ウ（　）タイムテーブル（時間わり）

2 よく出る　次の□には、どのような言葉が入りますか。一つに○をつけましょう。

わたしは、ⓐのポスターのほうが、
ぶどうがり大会に行きたくなるな。
□。

ア（　）えがおのしゃしんを見て、家族《ぞく》で楽しくさんかできそうだと感じたからね
イ（　）花火大会があると書いてあって、楽しそうだと思ったからね
ウ（　）ぶどうのしゃしんが大きく使われていて、おいしそうに見えるからね

書くことを考えるときは

6 図を使って書くことを考える方法として、合うものには○、合わないものには×をつけましょう。

ア（　）思いついたことを線でつなぎながら次々に書く。
イ（　）自分が大事だと思うことだけを書き出す。
ウ（　）書き出した中でいちばんつたえたいことをえらぶ。

ものしりメモ　「ポスター」は、もともと「『ポスト（柱《はしら》）』にはるもの」という意味から名前がついたといわれているよ。今では、かべや電車の車内など、いろいろなところにはられているね。

きほんのワーク

漢字の組み立て

教科書 上 130〜133ページ

答え 13ページ

もくひょう

●漢字の「へん」「つくり」「かんむり」「あし」「にょう」「たれ」「かまえ」が表している意味をりかいしよう。

勉強した日　月　日

漢字練習ノート16〜17ページ

おわったらシールをはろう

新しい漢字

教科書ページ

◀練習しましょう。筆順《じゅん》 1 2 3 4 5

教科書ページ	漢字	読み	画数	筆順
131	板	ハン　バン　いた	8画	一 十 オ 木 木 朾 板 板
131	柱	チュウ　はしら	9画	一 十 木 木 杧 杧 柱 柱
131	油	ユ　あぶら	8画	丶 冫 氵 汩 汩 油 油
131	港	コウ　みなと	12画	氵 汁 汫 洪 洪 洪 港 港 港
132	薬	ヤク　くすり	16画	一 艹 艹 苜 苜 莍 莍 薬
132	笛	テキ　ふえ	11画	丿 ⺈ 竹 竺 笁 笛 笛 笛
132	注	チュウ　そそぐ	8画	丶 冫 氵 氵 汁 汴 注
132	悪	アク　わるい	11画	一 丆 丆 襾 亜 亜 悪 悪
132	者	シャ　もの	8画	一 十 土 耂 耂 者 者 者
132	勝	ショウ　かつ	12画	刀 月 月 肸 胖 勝 勝 勝
133	庫	コ	10画	亠 广 广 庐 庐 庐 庫 庫

「油」は、右がわを「田」と書かないように注意しよう！

1 漢字の読み

読みがなを横に書きましょう。

○新しく学習する漢字
●読み方が新しい漢字
◆とくべつな読み方をする言葉

1 鉄○板

2 電○柱

3 ◆時計

4 ●休●日

5 ○油●田

6 開○港

7 目○薬

8 草○笛

9 ●雲海

10 新●雪

11 ○注意

12 ○悪○者

13 感●知

14 売●買

15 ○勝負

16 ●広大

17 車○庫

18 ●間近

2 漢字の書き

漢字を書きましょう。

① □□《てっぱん》でやく。

② □□《ゆでん》をほりあてる。

③ □□《めぐすり》をさす。

④ □□《くさぶえ》をふく。

⑤ □□《わるもの》をたおす。

⑥ □□《しょうぶ》をする。

3

「へん」と「つくり」のせつめいとして合うものを、下からえらんで、•——•でむすびましょう。

① へん •　　• ア 漢字の右がわにあり、おおまかな意味を表すこともある。

② つくり •　　• イ 漢字の左がわにあり、おおまかな意味を表す。

4

次の□に合う「へん」や「つくり」を□からえらんで漢字を作り、□に書きましょう。

① □夋　□

② □气　□

③ □火　□

④ 娄□　□

禾　氵　亻　攵

❶～❸は「へん」が入るよ。

5

次の「へん」がついた漢字は、何に関係《かん》がありますか。□からえらんで、記号で答えましょう。

① 氵 海・泳（　）

② 亻 住・休（　）

③ 言 話・記（　）

ア 言葉　イ 水　ウ 人間

6

次の「かんむり」「あし」「にょう」「たれ」「かまえ」の名前を、（　）に書きましょう。また、□に合う部分を□からえらんで漢字を作り、□に書きましょう。

① 艹（　）□

② 心（　）□

③ 辶（　）□

④ 广（　）□

⑤ 門（　）□

田　斤　占　日　早

ものしりメモ　「へん」の「阝」（こざとへん）と、「つくり」の「阝」（おおざと）。形はにているけれど、べつの字がもとになっていて、全くちがうものなんだよ。

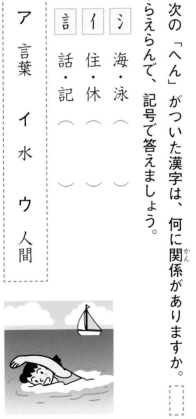

きほんのワーク

ローマ字

教科書 上134～138ページ

答え 13ページ

もくひょう

●ローマ字の書き方や決まりを知ろう。
●ローマ字を正しく読んだり書いたりできるようになろう。

勉強した日　月　日

漢字練習ノート17ページ

おわったらシールをはろう

新しい漢字

教科書134ページ

漢字	読み	画数	筆順
波 (134)	ハ・なみ	8画	丶 氵 氵 氵 沪 沪 波 波
放 (134)	ホウ・はなす・はなれる・ほうる・はなつ	8画	丶 亠 方 方 方 方 放 放
勉 (134)	ベン	10画	ノ ク 各 名 名 色 免 勉

◀練習しましょう。筆順《ひつじゅん》 1 2 3 4 5

1 漢字の読み

読みがなを横に書きましょう。

① 入力　② 電波　③ 帰社
④ 放送　⑤ 勉強

○新しく学習する漢字
●読み方が新しい漢字
◆とくべつな読み方をする言葉

2 漢字の書き

漢字を書きましょう。

① テレビ［ほうそう］。
② 算数の［べんきょう］。

3 ローマ字をなぞって、形をおぼえましょう。

あ Aa　い Ii　う Uu　え Ee　お Oo

「か」の行 Kk　「さ」の行 Ss　「た」の行 Tt

「な」の行 Nn　「は」の行 Hh　「ま」の行 Mm

「や」の行 Yy　「ら」の行 Rr　「わ」の行 Ww

「が」の行 Gg　「ざ」の行 Zz　「だ」の行 Dd

「ば」の行 Bb　「ぱ」の行 Pp

4 ローマ字を１字ずつ書いて、(　　)の言葉を作りましょう。

❶ ame（かめ）　❷ ame（さめ）　❸ ame（まめ）

5 次のローマ字の読み方を、ひらがなで書きましょう。

❶ nezumi（　　　　）　❷ syakai（　　　　）

❸ okâsan（　　　　）　❹ kippu（　　　　）

❺ gakkô（　　　　）　❻ zen'in（　　　　）

6 次のローマ字の書き方が正しいほうに、〇をつけましょう。

大文字を使うのは何を書くとき？

❶ ア（　　）nara-Ken
　イ（　　）Nara-ken

❷ ア（　　）mori keita
　イ（　　）Mori Keita

7 次の言葉を、二つの書き方で書きましょう。

❶「し」と❷「つ」の書き方に注意しよう。

❶ しま

❷ つる

8 次の言葉を、ローマ字で書きましょう。

つまる音は、次の音のはじめの文字をかさねて書くよ。

❶ にわとり

❷ きんぎょ 

❸ いもうと

❹ きって

❺ なっとう 

❻ こんや 

ものしりメモ

日本語の中には、そのままで世界に通じる言葉があるよ。「haiku（俳句《はいく》）」「karaoke（カラオケ）」「jûdô（柔《じゅう》道）」などは外国の辞典《じてん》にものっているんだ。

きほんのワーク

場面をくらべながら読み、感想を書こう

ちいちゃんのかげおくり SDGs

教科書 下13～30ページ

答え 14ページ

勉強した日 月 日

もくひょう
●場面ごとの出来事をとらえ、くらべてみよう。
●登場人物の気持ちを、行動や言葉から考えて読みとろう。

おわったらシールをはろう

漢字練習ノート18ページ

新しい漢字

教科書13ページ

教科書ページ	漢字	読み	画数
13	想	ソウ	13画
17	写	シャ うつす うつる	5画
17	真	シン ま	10画
17	列	レツ	6画
20	血	ケツ ち	6画
21	暗	アン くらい	13画
21	橋	キョウ はし	16画
24	暑	ショ あつい	12画
24	寒	カン さむい	12画
26	軽	ケイ かるい	12画
27	命	メイ いのち	8画
28	第	ダイ	11画

◀練習しましょう。 筆順 1 2 3 4 5

1 漢字の読み

読みがなを横に書きましょう。

1 ○感想
2 ◆お父さん　さん
3 ◆お兄ちゃん　ちゃん
4 ○写真
5 ○列車
6 ○血が出る
7 ○暗い
8 ○橋の下

○新しく学習する漢字
◆読み方が新しい漢字
◆とくべつな読み方をする言葉

3 言葉の意味

○をつけましょう。

1 15ページ かげぼうしがそっくり空にうつる。
ア（　）全部。
イ（　）一部。
ウ（　）大部分。

「暑い」⇔「寒い」だね。

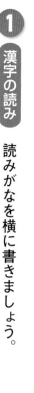

9 暑い

10 寒い

11 軽い

12 小さな命

13 第一場面

14 明らか

2 漢字の書き

漢字を書きましょう。

1 記念《ねん》の□□《しゃしん》。

2 □《くら》い橋の下。

3 体が□《かる》い。

ないようをつかもう！

ちいちゃんのかげおくり

☆ □に「ちいちゃん」「お父さん」「お母さん」のどれかを書いて、それぞれの場面のないようをまとめましょう。

ちいちゃんが、せんそうのぎせいになってしまうお話だね。

第一場面 教科書 14〜18ページ

家族《ぞく》でかげおくりをした後、□はいくさに行く。

第二場面 18〜21ページ

ちいちゃんがお母さんとはぐれる。

第三場面 21〜24ページ

家にもどったちいちゃんは、□たちをまちつづける。

第四場面 24〜27ページ

一人でかげおくりをしていた□の命がきえる。

第五場面 27ページ

何十年もたち、公園では今日も、お兄ちゃんやちいちゃんぐらいの子どもたちが楽しそうに遊んでいる。

---

2 16 かげぼうしに目を落とす。
ア（　）見まちがえる。
イ（　）じっと見つめる。
ウ（　）下の方を見る。

3 20 お母さんとはぐれる。
ア（　）はなればなれになる。
イ（　）まち合わせをする。
ウ（　）また後で会う。

4 22 はす向かいのうちのおばさん。
ア（　）正面。
イ（　）ななめ前。
ウ（　）すぐ後ろ。

5 22 なくのをやっとこらえる。
ア（　）やめる気になる。
イ（　）わすれることができる。
ウ（　）じっとがまんする。

6 25 ふらふらする足をふみしめる。
ア（　）力を入れてふむ。
イ（　）ふんで音を立てる。
ウ（　）まっすぐにのばす。

ものしりメモ 「ちいちゃんのかげおくり」は、せんそうと子どもをえがいた、あまん きみこさんの作品。同じ題材《ざい》の作品に「おはじきの木」があるよ。これにも小さい女の子が登場するんだ。

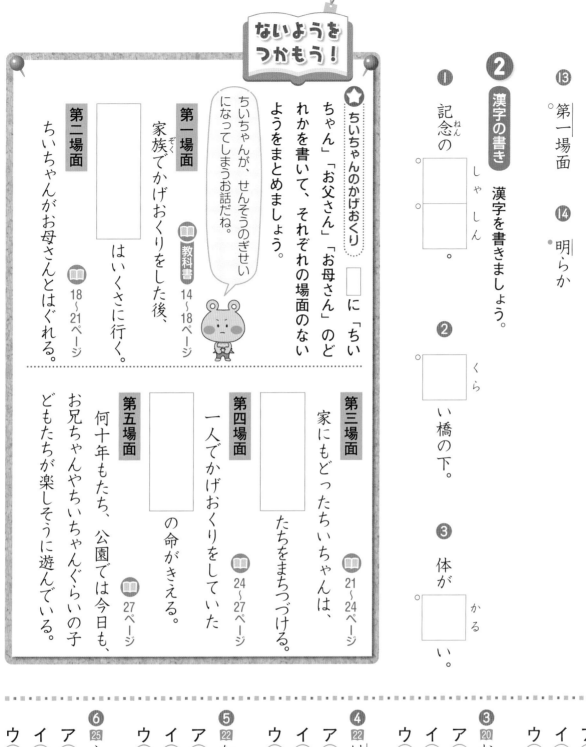

練習のワーク1

ちいちゃんのかげおくり SDGs

教科書 下13～30ページ
答え 14ページ
勉強した日 月 日

できるナビ
●だれが登場して、何をするのかを読みとろう。
●お父さんの気持ちを考えよう。

おわったらシールをはろう

次の文章を読んで、問題に答えましょう。

「かげおくり」って遊びをちいちゃんに教えてくれたのは、お父さんでした。

出征《せい》する前の日、お父さんは、ちいちゃん、お兄ちゃん、お母さんをつれて、先祖《ぞ》のはかまいりに行きました。その帰り道、青い空を見上げたお父さんが、つぶやきました。

「かげおくりのよくできそうな空だなあ。」

「えっ、かげおくり。」

と、お兄ちゃんがききかえしました。

「かげおくりって、なあに。」

と、ちいちゃんもたずねました。

「十《とお》、数える間、かげぼうしをじっと見つめるのさ。十、と言ったら、空を見上げる。すると、かげぼうしがそっくり空にうつって見える。」

と、お父さんがせつめいしました。

「父さんや母さんが子どものときに、よく遊んだものさ。」

「ね。今、みんなでやってみましょうよ。」

（中略）

「今日の記念《ねん》写真だなあ。」

と、お父さんが言いました。

「大きな記念写真だこと。」

と、お母さんが言いました。

〈あまん きみこ「ちいちゃんのかげおくり」による〉

1 よく出る ちいちゃんが、お父さんから「かげおくり」という遊びを教えてもらったのは、どんなときでしたか。

（　　　）が出征する前の日、先祖の（　　　）に行った帰り道。

2 ちいちゃんは、だれと「かげおくり」をしましたか。

（　　　）（　　　）（　　　）（　　　）

「四人は手をつなぎました」とあるよ。

言葉の意味プラス
4行 先祖《ぞ》…今の家族《ぞく》より、前の代《だい》の人たち。 5行 見上げる…下から上を見る。
8行 ききかえす…言われたことをもういちどきき直す。

と、お母さんが横から言いました。

ちいちゃんとお兄ちゃんを中にして、四人は手をつなぎました。そして、みんなで、かげぼうしに目を落としました。

「まばたきしちゃ、だめよ。」

と、お母さんが注意しました。

ちいちゃんとお兄ちゃんが、やくそくしました。

「ひとうつ、ふたあつ、みいっつ。」

と、お父さんが数えだしました。

「ようっつ、いつうつ、むうっつ。」

と、お母さんの声もかさなりました。

「ななあつ、やあっつ、ここのうつ。」

ちいちゃんとお兄ちゃんも、いっしょに数えだしました。

「とお。」

目の動きといっしょに、白い四つのかげぼうしが、すうっと空に上がりました。

「すごうい。」

と、お兄ちゃんが言いました。

「すごうい。」

と、ちいちゃんも言いました。

3 ちいちゃんたちは、どのように「かげおくり」をしましたか。したことの順番《じゅん》に、（　）に1~4を書きましょう。

（　）空を見上げると、四つのかげぼうしが見えた。

（　）かげぼうしに目を落とした。

（　）みんなで手をつないだ。

（　）まばたきせずに、十、数えた。

4 「白い四つのかげぼうしが、すうっと空に上がりました」とありますが、このとき、ちいちゃんはどんな気持ちでしたか。一つに○をつけましょう。

ア（　）つまらなくて、がっかりしている。

イ（　）ふしぎに思い、こわがっている。

ウ（　）おどろいて、よろこんでいる。

5 よく出る 「今日の記念写真だなあ。」と言ったとき、お父さんはどんな気持ちでしたか。一つに○をつけましょう。

ア（　）めったに見られないほどきれいなかげおくりができて、写真にもとれたのでよかったな。

イ（　）いくさに行けばいつ家族《ぞく》に会えるか分からないから、このかげおくりの思い出を、心にのこしておこう。

ウ（　）はかまいりもしたし、このかげおくりも先祖にとどけることができたので、まんぞくだ。

次の日は、お父さんにとってどんな日かな。そこから考えてみるといいよ。

ものしりメモ 「石けり」や「なわとび」とちがって、「かげおくり」という遊びは、辞典《じてん》にのっていないよ。「かげおくり」というのは、あまん きみこさんがつけた名前なんだ。

練習のワーク２

ちいちゃんのかげおくり SDGs

教科書 下13～30ページ
答え 14ページ

できるナビ
●ちいちゃんに何がおこったのかを読みとろう。
●ちいちゃんの気持ちを考えよう。

勉強した日 月 日

おわったらシールをはろう

次の文章を読んで、問題に答えましょう。

夏のはじめのある夜《よ》、くうしゅうけいほうのサイレンで、ちいちゃんたちは目がさめました。

「さあ、いそいで。」

お母さんの声。

外に出ると、もう、赤い火が、あちこちに上がっていました。

お母さんは、ちいちゃんとお兄ちゃんを両手につないで、走りました。

風の強い日でした。

「こっちに火が回るぞ。」

「川の方ににげるんだ。」

だれかがさけんでいます。

風があつくなってきました。ほのおのうずがおいかけてきます。お母さんは、ちいちゃんをだき上げて走りました。

1 「さあ、いそいで。」とありますが、いそいでどうするのですか。

（　　　　　　　　）

2 くうしゅうによる火事のおそろしさは、どんな様子から分かりますか。

（　　　　　）があつくなってきて、

（　　　　　）がおいかけてくる様子。

3 「お母さんは、お兄ちゃんをおんぶしました。」とありますが、なぜですか。

お兄ちゃんが

（　　　　　　　　）から。

言葉の意味プラス
2行 目がさめる…ねむりからさめる。 15行 ほのお…物がもえているときに出る火。
15行 うず…ここでは、火が回転《てん》してはげしく動く様子。

「お兄ちゃん、はぐれちゃだめよ。」

お兄ちゃんがころびました。足から血が出ています。ひどいけがです。お母さんは、お兄ちゃんをおんぶしました。

「さあ、ちいちゃん、母さんとしっかり走るのよ。」

けれど、たくさんの人においぬかれたり、ぶつかったり――、ちいちゃんは、お母さんとはぐれました。

「お母ちゃん、お母ちゃん。」

ちいちゃんはさけびました。

そのとき、知らないおじさんが言いました。

「お母ちゃんは、後から来るよ。」

そのおじさんは、ちいちゃんをだいて走ってくれました。

暗い橋の下に、たくさんの人が集まっていました。ちいちゃんの目に、お母さんらしい人が見えました。

「お母ちゃん。」

と、ちいちゃんがさけぶと、おじさんは、

「見つかったかい。よかった、よかった。」

と下ろしてくれました。

でも、その人は、お母さんではありませんでした。

ちいちゃんは、ひとりぼっちになりました。ちいちゃんは、たくさんの人たちの中でねむりました。

〈あまん きみこ「ちいちゃんのかげおくり」による〉

4 よく出る 「『お母ちゃん、お母ちゃん。』／ちいちゃんはさけびました。」とありますが、ここからちいちゃんのどんな様子が分かりますか。一つに○をつけましょう。

ちいちゃんはお母さんとはぐれたんだ。

ア（　）お母さんをいっしょうけんめいさがす様子。

イ（　）前を歩くお母さんをいそいでおいかける様子。

ウ（　）となりを走るお母さんにひっしで話しかける様子。

5 「お母ちゃん。」とありますが、このとき、ちいちゃんはどんな気持ちでしたか。一つに○をつけましょう。

ア（　）お母さんが後から来たと思い、あきれている。

イ（　）お母さんにおいていかれたと思い、おこっている。

ウ（　）お母さんが見つかったと思い、よろこんでいる。

6 よく出る 「ちいちゃんは、たくさんの人たちの中でねむりました。」とありますが、このとき、ちいちゃんはどんな気持ちでしたか。一つに○をつけましょう。

ア（　）人がたくさん集まっているから、一人でも平気だよ。

イ（　）夜になってもむかえに来てくれないお母さんは、ひどいな。

ウ（　）まわりに知っている人がいなくて、とても心細いな。

ものしりメモ 昔の日本は、木でつくられた家が多かったから、もえやすかったんだ。だから、くうしゅうでは、火を強める油などをつめたばくだん（しょういだん）が多く落とされたんだよ。

きほんのワーク

修飾語《しゅうしょく》を使って書こう
きせつの言葉3　秋のくらし

教科書　㊦31〜35ページ

答え　15ページ

勉強した日　月　日

もくひょう

●修飾語のはたらきを知り、分かりやすい文章が書けるようになろう。
●秋らしさを感じる言葉をおぼえよう。

おわったらシールをはろう

漢字練習ノート19ページ

新しい漢字

教科書ページ	漢字	読み	画数	筆順
31	返	ヘン　かえす　かえる	7画	返返返返返返返
31	主	シュ　ぬし　おも	5画	主主主主主
33	州	シュウ	6画	州州州州州州
33	屋	オク　や	9画	屋屋屋屋屋屋屋屋屋
33	根	コン　ね	10画	根根根根根根根根根根
33	荷	に	10画	荷荷荷荷荷荷荷荷荷荷
33	守	シュ　ス　まもる	6画	守守守守守守
33	役	ヤク	7画	役役役役役役役

◀練習しましょう。　筆順《ひつじゅん》 1 2 3 4 5

1 漢字の読み

読みがなを横に書きましょう。

○新しく学習する漢字
●読み方が新しい漢字
◆とくべつな読み方をする言葉

1 読み返す
2 主語
3 明日
4 九州
5 風船
6 屋根
7 荷物
8 守る
9 役立つ
10 新米

2 漢字の書き

漢字を書きましょう。

1 本を読み□《かえ》す。
2 □□《きゅうしゅう》に住む。
3 □□《やね》の上。
4 □□《にもつ》がおもい。
5 やくそくを□《まも》る。
6 仕事に□□《やくだ》つ。

「州」は、川の中に、しまができた様子を表した漢字だよ。

★修飾語を使って書こう

3 次の文の主語、述語《じゅつ》、修飾語を書きましょう。

ぼくたちは、海岸を　走った。

主語（　　　　）　述語（　　　　）

修飾語（　　　　）

4 次の文の（　）に合う言葉を、□からえらんで書きましょう。

（いつ　　　）、姉は、（どこで　　　）本をかりました。

ぼくは　学校で
今日　ずっと

修飾語は、文をくわしく、分かりやすくする言葉なんだね。

5 次の文から、（　）に当たる修飾語を書きましょう。

1 ぼくは、友だちに　電話を　かけた。

（だれに）（　　　　）　（何を）（　　　　）

2 大きな　かめが、ゆっくりと　歩く。

（どんな）（　　　　）　（どのように）（　　　　）

3 にわの　花が、とても　きれいだ。

（どこの）（　　　　）　（どのくらい）（　　　　）

6 次の文で、（　）の修飾語は、どの言葉に係っていますか。一つに○をつけましょう。

1 女の子は、（白い）　くつを　はいた。

2 魚が、（すいすいと）　水の　中を　泳ぐ。

3 弟が、林で　（たくさん）　くりを　拾った。

★きせつの言葉3　秋のくらし

7 □に「秋」という言葉が当てはまらないものは、どれですか。一つに○をつけましょう。

ア（　）スポーツの□
イ（　）げいじゅつの□
ウ（　）花見の□

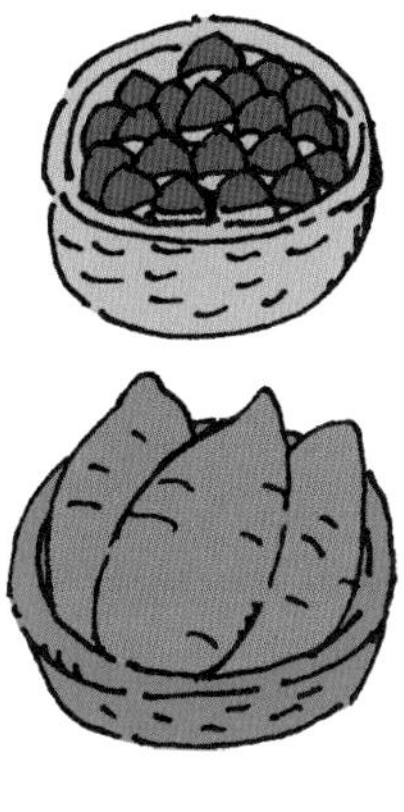

8 次の文は、秋についてのべたものです。きせつに合うほうに、○をつけましょう。

1 秋の{ア（　）短夜《みじかよ》／イ（　）夜長《よなが》}に{ア（　）読書／イ（　）花火}を楽しむ。

2 {ア（　）みのり／イ（　）種《たね》まき}の秋に{ア（　）ぶどう／イ（　）いちご}を食べる。

ものしりメモ　秋の「虫の音」をここちよい音として聞くのは、日本人特《とく》有のとらえ方なんだよ。ほかの国の人には、ざつ音だととらえられることがふつうなんだ。

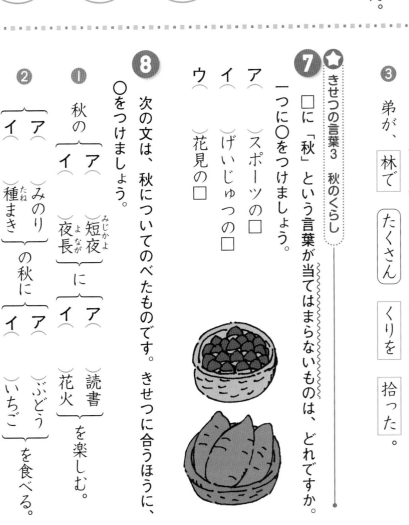

まとめのテスト

ちいちゃんのかげおくり SDGs
修飾語《しゅうしょく》を使って書こう

教科書 下13〜35ページ
答え 15ページ

時間20分

とく点 /100点

おわったらシールをはろう

勉強した日 月 日

1 次の文章を読んで、問題に答えましょう。

ちいちゃんは、暑いような寒いような気がしました。ひどくのどがかわいています。いつのまにか、太陽は、高く上がっていました。

そのとき、

「かげおくりのよくできそうな空だなあ。」

というお父さんの声が、青い空からふってきました。

「ね。今、みんなでやってみましょうよ。」

というお母さんの声も、青い空からふってきました。

ちいちゃんは、ふらふらする足をふみしめて立ち上がると、たった一つのかげぼうしを見つめながら、数えだしました。

「ひとうつ、ふたあつ、みいっつ。」

いつのまにか、お父さんのひくい声が、かさなって聞こえだしました。

「ようっつ、いつうつ、むうっつ。」

お母さんの高い声も、それにかさなって聞こえだしました。

「ななあつ、やあっつ、ここのうつ。」

お兄ちゃんのわらいそうな声も、かさなってきました。

1 よく出る 「たった一つのかげぼうしを見つめながら、数えだしました」とありますが、どういうことを表していますか。 一つ5〔10点〕

ちいちゃんが、（　　）人で（　　）を始めたということ。

2 よく出る 「お父さんのひくい声」「お母さんの高い声」「お兄ちゃんのわらいそうな声」とありますが、ちいちゃんにみんなの声が聞こえたのは、なぜですか。一つに○をつけましょう。 〔20点〕

ア（　）みんなが遠くの方に集まっていて、大声でさけんでいたから。

イ（　）遊ぶのがとても楽しくて、みんなと遊んだ日のことを思い出したから。

ウ（　）ひとりぼっちになった後、みんなに会いたいと思いつづけていたから。

3 「お父ちゃん。」「お母ちゃん、お兄ちゃん。」とよんだとき、ちいちゃんは、自分の体がどうなっていくのが分かりましたか。 一つ5〔10点〕

言葉の意味プラス
20行 くっきり…はっきりと見える様子。
25行 すき通る…すけて、物の中や向こうがよく見える。

「とお。」

ちいちゃんが空を見上げると、青い空に、くっきりと白いかげが四つ。

「お父ちゃん。」

ちいちゃんはよびました。

「お母ちゃん、お兄ちゃん。」

そのとき、体がすうっとすき通って、空にすいこまれていくのが分かりました。

一面の空の色。ちいちゃんは、空色の花ばたけの中に立っていました。見回しても、見回しても、花ばたけ。

「きっと、ここ、空の上よ。」

と、ちいちゃんは思いました。

「ああ、あたし、おなかがすいて軽くなったから、ういたのね。」

そのとき、向こうから、お父さんとお母さんとお兄ちゃんが、わらいながら歩いてくるのが見えました。

「なあんだ。みんな、こんな所にいたから、来なかったのね。」

ちいちゃんは、きらきらわらいだしました。わらいながら、花ばたけの中を走りだしました。

夏のはじめのある朝、こうして、小さな女の子の命が、空にきえました。

〈あまん きみこ「ちいちゃんのかげおくり」による〉

体がすうっと（　　　　）、
空に（　　　　）のが分かった。

4 「きらきらわらいだしました」とありますが、このとき、ちいちゃんはどんな気持ちでしたか。考えて書きましょう。〔20点〕

（　　　　　　　　）

チャレンジ！ 書いてみよう！

5 この物語を通して、作者はどんなことをつたえたかったのですか。一つに○をつけましょう。〔20点〕

ア（　）せんそうのつらさをわすれて、明るい未来《み》をつくっていこう。

イ（　）ひとりぼっちにも負けない、強い心をもった人になろう。

ウ（　）せんそうの悲しみをわすれずに、平和《わ》を大切に守っていこう。

2 次の文の修飾《しゅうしょく》語全てに、○をつけましょう。 全てできて一つ10〔20点〕

① （　）北からの（　）風が（　）かなり（　）強く（　）ふいた。
② （　）母は、（　）のんびりと（　）青い（　）海を（　）ながめる。

ものしりメモ
ちいちゃんは、「ひとうつ、ふたあつ……」と数えているね。日本の昔からある数の数え方に、「ひい、ふう、みい、よう、いつ、むう、なな、やあ、ここのつ、とお」というのがあるよ。

きほんのワーク おすすめの一さつを決めよう

教科書 下36～42ページ　答え 16ページ

勉強した日　月　日

もくひょう
●意見をまとめる話し合いのしかたを学ぼう。
●話し合いでの役わりを知り、発言するときに注意する点をおさえよう。

おわったらシールをはろう

1 二年生の漢字　漢字を書きましょう。

① はんで[　]《はな》し[　]《あ》う。
② [　]《たの》しい本。
③ 絵本を[　]《よ》む。
④ たんけんの[　][　]《ちず》。

2 言葉の意味　○をつけましょう。

① 36ページ 進行にそう。
ア（　）したがう。
イ（　）反《はん》対する。
ウ（　）気をつける。

② 36 一年生に楽しい本をしょうかいする。
ア（　）知っているかどうかたしかめること。
イ（　）気にいったものをわたすこと。
ウ（　）相手がよく知らない物事を知らせること。

3

はんで話し合いをするときには、いくつかの役わりがあります。それぞれ、どんなことをする役わりですか。合うものを下からえらんで、•―•でむすびましょう。

① 司《し》会　•　　• ア 話し合いの時間をはかり、みんなに知らせる。
② きろく係　•　　• イ 話し合いのないようを、文字にのこし、整理する。
③ 時間係　•　　• ウ 話し合いを、目的《てき》などに合わせて進行する。

4

はんで話し合いをするときには、どんなことに気をつけて発言するとよいですか。一つに○をつけましょう。

ア（　）話し合いが活発になるように、時間を気にせずにどんどん発言する。
イ（　）話し合いの目的をたしかめて、進行にそって発言する。
ウ（　）話がそれないように、みんなの意見とちがうことを発言しないようにする。

5 次の文章は、はんでの話し合いの一部です。読んで、問題に答えましょう。

山下さん

これから、学級新聞でいちばん大きくとり上げる記事について話し合います。目的《てき》は、新聞をクラスの多くの人に見てもらうためです。はじめに、とりあげたい記事とその理由を五分間で出し合います。次に、記事の決め方を五分間で話し合います。その後、十分間で、いちばん大きくとり上げる記事をえらびましょう。では、小林さんから考えを教えてください。

小林さん

はい。ぼくは、「運動会について」がいいと思います。ぼくたちのクラスが、つな引きでゆうしょうしたからです。

・・・

川口さん

みんなが出した記事について、とり上げたい理由を整理すると、「知ってほしいこと」「目をひくこと」「気になること」に分けられます。

・・・

野田さん

そろそろ二十分たちます。まとめに入りましょう。

1 この話し合いで、司会、きろく係、時間係をしているのは、それぞれだれですか。

司会（　　　）さん　きろく係（　　　）さん

時間係（　　　）さん

2 山下さんの発言として合うもの一つに○をつけましょう。

ア（　）話し合いの目的と進め方をたしかめている。

イ（　）話し合いを進める役わりの人をしょうかいしている。

ウ（　）話し合いの時間については、せつめいしていない。

3 小林さんの発言のよいところはどこですか。一つに○をつけましょう。

ア（　）ほかの人の意見にさんせいしているところ。

イ（　）自分の意見とともに理由を言っているところ。

ウ（　）ほかの人の発言をうながしているところ。

小林さんの発言の「〜からです」という言い方から考えてみよう。

4 川口さんの発言として合うもの一つに○をつけましょう。

ア（　）みんなから出た意見を、にているところをもとに整理している。

イ（　）みんなから出た意見について、自分がさんせいかどうかをしめしている。

ウ（　）みんなから出た意見の理由を整理して、しつもんしたいことを決めている。

ものしりメモ 新聞は、紙の上下のはしがぎざぎざになっているものが多いね。これは、一度《ど》ですばやく大量《りょう》の紙を切るために、のこぎりのような刃《は》を使っているからなんだ。

まとめのテスト
おすすめの一さつを決めよう

教科書 下36～42ページ
答え 16ページ

時間20分

とく点 /100点

おわったらシールをはろう

勉強した日 月 日

次のはんでの話し合いの一部を読んで、問題に答えましょう。

土川 これから、一年生にしょうかいする本について話し合います。目的《てき》は、一年生が本をすきになってくれるような、楽しい本をしょうかいすることです。はじめに、しょうかいしたい本とその理由を、五分間で出し合います。次に、本の決め方を、五分間話し合います。その後、十分間で、しょうかいする本を一さつえらびましょう。
では、北田さんから考えを教えてください。

北田 はい。ぼくは、「たんたのたんけん」がいいと思います。わくわくするような出来事がいくつもあって、自分もたんけんしている気持ちで楽しく読める本だからです。

…

北田 みんなが出した本について、しょうかいしたい理由を整理すると、「出来事」「言葉の使い方」「絵」と思います。ようち園のげきで、やぎの役をしました。

北田 ぼくも、そのげきをしたことがあります。

土川 少し話がそれています。一年生が楽しめる出来事かどうかを話し合いましょう。

〈「おすすめの一さつを決めよう」による〉

1 この話し合いで、司会《し》ときろく係をしているのは、それぞれだれですか。 一つ10〔20点〕

司会 （　　　）さん

きろく係 （　　　）さん

2 よく出る● この話し合いの目的は、何ですか。〔15点〕

（　　　）

言葉の意味プラス
14行 整理…かたづけてきちんとすること。 35行 それる…目ひょうとはちがった方へ行く。

の楽しさに分けられます。

土川　北田さん、ありがとうございます。では、一年生にしょうかいする本を一さつえらぶとすると、どの楽しさのある本がよいでしょうか。

水野　出来事が楽しい本がいいと思います。話にむちゅうになることで、本を読む楽しさを知ってほしいからです。

……

土川　それでは、出来事が楽しい本の中から、一さつ決めましょう。

……

水野　たんけんの話はどきどきするので、少し長いお話でも、一年生は楽しめると思います。だから、「たんたのたんけん」がいいのではないかと思います。

北田　「たんたのたんけん」には、表紙を開いたところに、「たんけんの地図」があるのもいいと思います。

原　「たんけんの地図」があると、どうしていいのですか。

北田　地図を見るだけでも、たんけんが思いうかんで楽しめるし、見ていたら、きっと読みたくなると思うからです。

原　ぼくは、「三びきのやぎのがらがらどん」がいい

---

3 よく出る　この話し合いで決めることは、何ですか。一つに○をつけましょう。〔15点〕

ア（　）一年生に人気のある本を決めること。
イ（　）目的に合う本を一さつえらぶこと。
ウ（　）みんなのすきな本を何さつかえらぶこと。

4 「本の決め方」とありますが、どんな本をえらぶことに決めましたか。一つに○をつけましょう。〔15点〕

ア（　）出来事が楽しい本の中からえらぶ。
イ（　）地図のついている本の中からえらぶ。
ウ（　）絵がきれいな本の中からえらぶ。

5 「たんたのたんけん」がいいと思っている人を二人書きましょう。一つ10〔20点〕

（　　　）さんと（　　　）さん。

チャレンジ

6 「少し話がそれています。……を話し合いましょう。」とありますが、この発言には、どのようなねらいがありますか。一つに○をつけましょう。〔15点〕

ア（　）新しく出た意見にさんせいし、さまざまな意見が出やすいようにする役わり。
イ（　）自分のさんせいする意見にまとまるように、みんなの意見をみちびく役わり。
ウ（　）話し合いが正しい方向に進むように、それた話をもとにもどす役わり。

ものしりメモ　「たんたのたんけん」は、たんたの５さいのたんじょう日にふしぎな地図がまいこみ、それをもってたんけんにでかけるお話だよ。作者の中川李枝子《なかがわりえこ》さんは「ぐりとぐら」も書いているよ。

きほんのワーク

れいの書かれ方に気をつけて読み、それをいかして書こう

すがたをかえる大豆

教科書 下43〜51ページ

答え 17ページ

勉強した日 月 日

もくひょう
- れいのあげ方を考えながら読み、文章全体の組み立てをとらえよう。
- せつめいのしかたのくふうに気をつけて読もう。

漢字練習ノート20ページ

おわったらシールをはろう

新しい漢字

教科書43ページ

ページ	漢字	読み	画数
43	豆	トウ ズ まめ	7画
45	育	イク そだつ そだてる はぐくむ	8画
45	消	ショウ きえる けす	10画
46	取	シュ とる	8画
48	期	キ	12画
49	畑	はた はたけ	9画
50	終	シュウ おわる おえる	11画

◀練習しましょう。 筆順《ひつじゅん》 1 2 3 4 5

1 漢字の読み

読みがなを横に書きましょう。

① 大豆○ ② 育○つ ③ 消○化 ④ 取○り出す

⑤ 時期○ ⑥ 畑○の肉 ⑦ 終○わり

○新しく学習する漢字
●読み方が新しい漢字
◆とくべつな読み方をする言葉

2 漢字の書き

漢字を書きましょう。

① 食べ物を［ ］《しょうか》○する。 ② しゅうかくの［ ］《じき》○。

4 言葉の意味

○をつけましょう。

① 44ページ ほとんど毎日口にする。

ア（ ）歌う。
イ（ ）食べる。
ウ（ ）りょうりする。

② 45 意外と知られていない。

ア（ ）予想とちがって。
イ（ ）ざんねんなことに。
ウ（ ）思ったとおりに。

3 言葉のちしき

次の言葉の意味に合うものを後からえらんで、（　）に記号で答えましょう。

① いる（　）　② にる（　）　③ むす（　）

ア ゆげを通して熱《ねっ》する。

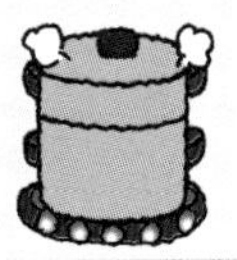

イ 火にかけて水分がなくなるまで熱する。

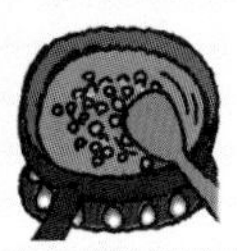

ウ 水などをくわえて熱する。

ないようをつかもう！

★ すがたをかえる大豆

文章を三つのまとまりに分けて、ないようをまとめました。（　）に合う言葉を、□からえらんで書きましょう。 教科書 44～49ページ

はじめ	中	終わり
第一～第二段落《だん》	第三～第七段落	第八段落
話題が（　　）であることを、おおまかにしめしている。	大豆の（　　）のくふうについて、れいをあげてせつめいしている。	多くの食べ方が考えられた理由をあげ、全体をまとめている。

育て方　食べ方　大豆　とうふ

大豆が、とうふやみそ、えだ豆、もやしなど、いろいろなすがたで食べられていることが書かれているね。

3 45 いろいろ手をくわえる。
ア（　）しっかりとつかむ。
イ（　）人数を多くする。
ウ（　）形や中身《み》をかえる。

4 47 大豆を水にひたす。
ア（　）少しずつ入れる。
イ（　）つける。
ウ（　）流《なが》してあらう。

5 47 なめらかになるまですりつぶす。
ア（　）ねばりけのある様子に。
イ（　）ざらざらした様子に。
ウ（　）でこぼこがない様子に。

6 48 大豆をさやごとゆでる。
ア（　）あついお湯《ゆ》に入れてにる。
イ（　）指で強くおしつぶす。
ウ（　）水をかけてひやす。

7 49 大豆は、やせた土地にも強い。
ア（　）人が通れないほどせまい。
イ（　）たがやす人がいない。
ウ（　）作物を育てる養《よう》分が少ない。

ものしりメモ 日本では、大豆は千年以《い》上も前からさいばいされてきたよ。けれど、今は国内での生産《さん》は少なく、大部分が外国から輸《ゆ》入されているんだよ。

練習のワーク

すがたをかえる大豆

教科書 ㊦43～51ページ
答え 17ページ

できるナビ
文章のまとまりをとらえ、大豆にどのようなくふうをすると、どうなるのかを読み取ろう。

勉強した日 月 日

おわったらシールをはろう

✖ 次の文章を読んで、問題に答えましょう。

大豆は、ダイズという植物のたねです。えだについたさやの中に、二つか三つのたねが入っています。ダイズが十分に育つと、さやの中のたねはかたくなります。これが、わたしたちが知っている大豆です。かたい大豆は、そのままでは食べにくく、消化もよくありません。そのため、昔からいろいろ手をくわえて、おいしく食べるくふうをしてきました。

⬆実《み》ったダイズ

➡ダイズのたね

2 「わたしたちが知っている大豆」とは、どのようなものですか。一つに○をつけましょう。

ア（　）ダイズが育って、さやの中のたねがかたくなったもの。
イ（　）ダイズのえだについたさやが大きく育って、かたくなったもの。
ウ（　）ダイズのたねが育って、さやの中からとび出したもの。

3 よく出る● 「いろいろ手をくわえて、おいしく食べるくふうをしてきました」とありますが、それはなぜですか。

かたい大豆は、そのままでは（　　　　　　）、（　　　　　　）もよくないから。

4 よく出る● この文章の第二段《だん》落から第四段落では、大豆をおいしく食べるくふうと、それぞれのれいとなる食品について書かれています。それらを、次の表にまとめましょう。

言葉の意味プラス
2行 さや…豆のたねをつつむ、から。 14行 こなにひく…道具などを使って、細《こま》かいこなにする。
17行 ふくむ…中にもっている。 20行 すりつぶす…すって細かくくだく。

いちばん分かりやすいのは、大豆をその形のままいったり、にたりして、やわらかく、おいしくするくふうです。いると、豆まきに使う豆になります。水につけてやわらかくしてからにると、に豆になります。正月のおせちりょうりに使われる黒豆も、に豆の一つです。に豆には、黒、茶、白など、いろいろな色の大豆が使われます。

次に、こなにひいて食べるくふうがあります。もちやだんごにかけるきなこは、大豆をいって、こなにひいたものです。

また、大豆にふくまれる主なえいようを取り出して、ちがう食品にするくふうもあります。大豆を一《ひと》ばん水にひたし、なめらかになるまですりつぶします。これに水をくわえて、かきまぜながら熱《ねっ》します。その後、ぬのを使ってなかみをしぼり出します。しぼり出したしるににがりというものをくわえると、かたまって、とうふになります。

〈国分《こくぶん》牧衛《まきえ》「すがたをかえる大豆」による〉

1 大豆は、何のたねですか。

（　　　）という植物のたね。

	第二段落	第三段落	第四段落
おいしく食べるくふう	大豆をその形のまま（❶　　）、やわらかく、おいしくするくふう。	（❸　　）くふう。	大豆にふくまれる主な（❺　　）を取り出して、（❻　　）にするくふう。
れいとなる食品	豆まきの豆・（❷　　）	（❹　　）	（❼　　）

5 「とうふ」は、どんな手順《じゅん》で作られますか。（　）に1〜4を書きましょう。

さいしょに、大豆をどうするのかな。

（　）水をくわえて、かきまぜながら熱する。
（　）ぬのを使ってなかみをしぼり出す。
（　）しぼり出したしるに、にがりをくわえる。
（　）大豆を一《ひと》ばん水にひたしてから、すりつぶす。

ものしりメモ　肉に負けないほどたんぱくしつがふくまれている大豆を、さいしょに「畑の肉」とよんだのは、ドイツの人なんだ。ちなみに、アメリカでは「大地の黄金《おうごん》」とよばれているよ。

きほんのワーク

食べ物のひみつを教えます

教科書 下52～55ページ
答え 17ページ

もくひょう
●せつめいする文章の書き方を学ぼう。
●分かりやすい文章の組み立てを知ろう。

勉強した日　月　日

おわったらシールをはろう

1 次は、せつめいする文章を書くための組み立てメモです。このメモのないようとして合うもの二つに○をつけましょう。

はじめ	中	終わり
・ここでせつめいする ざいりょうについて―米	・食品のれい ―ごはん ―もち ―白玉	・まとめ

ア（　）「はじめ」で、食品のれいをあげている。
イ（　）れいをあげる順序《じゅんじょ》を、しっかり決めている。
ウ（　）「終わり」では、まとめを書くことにしている。
エ（　）文章のないようを、六つのまとまりに分けている。
オ（　）まとまりごとに、書くことを決めている。

2 次の文章を読んで、問題に答えましょう。

いろいろなすがたになる米

原　ゆうた

① 米には、いろいろな食べ方のくふうがあります。
② まず、米をその形のままたいて食べるくふうがあります。米をといで、水につけてからたくと、ごはんになります。
③ 次に、むして食べるくふうがあります。もち米という米をむして、うすときねでつくと、もちになります。もちつきのきかいを使うこともあります。
④ ［　　］、こなにして食べるくふうもあります。もち米をこなにしたものに、水を入れて練ります。それをゆでると、白玉になります。
⑤ このように、米は、くふうされて、いろいろなすがたになって食べられているのです。

〈「食べ物のひみつを教えます」による〉

1 よく出る● この文章は、何についてせつめいしたものですか。

（　　　　　　　　　）のくふうについて。

2 この文章を、「はじめ」「中」「終わり」の三つのまとまりに分けると、それぞれのまとまりに当てはまるのは、どの段《だん》落ですか。段落番号を全て書きましょう。

はじめ（　　　）段落

中（　　　）段落

終わり（　　　）段落

3 この文章を書くために、原さんは調べたないようを表に整理しました。次の表の❶～❸に当てはまる言葉を書きましょう。

おいしく食べるくふう	食品
・その形のままたく	・（❶）
・（❷）にする	・白玉
・むす	・（❸）

❶（　　　　　　　）

❷（　　　　　　　）

❸（　　　　　　　）

4 □に合う言葉を一つえらんで、○をつけましょう。

ア（　）つまり

イ（　）すると

ウ（　）さらに

ほかの段落の
はじめの言葉にも
着目してみよう。

5 よく出る● 原さんの文章のくふうとして、合うものには○、合わないものには×をつけましょう。

ア（　）はじめの段落で、何についてせつめいするのかをはっきりさせている。

イ（　）時間の流《なが》れにそって段落を分け、米が白玉へとかわっていく様子をせつめいしている。

ウ（　）一つの段落に一つのれいをあげ、まとまりが分かりやすいようにしている。

6 原さんの文章を読んだ感想として、合うもの一つに○をつけましょう。

それぞれのれいは、何についてのれいかを考えよう。

ア（　）米をたいて食べる食品のれいがいくつもあって、分かりやすかった。

イ（　）米から、どうやって白玉ができるのか、ていねいに調べてあるのが分かった。

ウ（　）食品のれいがたくさん書かれていて、分かりにくかった。

ものしりメモ もち米は、ごはんをたくときに使う米（うるち米《まい》）よりも、ねばり気が強いんだ。そして、もちや白玉の他に、赤飯《せきはん》などのおこわ（もち米をむしたごはん）のざいりょうにもなるよ。

まとめのテスト
すがたをかえる大豆
食べ物のひみつを教えます

教科書 下43〜55ページ
答え 18ページ
時間 20分
とく点 /100点
おわったらシールをはろう
勉強した日 月 日

1 次の文章を読んで、問題に答えましょう。

さらに、目に見えない小さな生物の力をかりて、ちがう食品にするくふうもあります。ナットウキンの力をかりたのが、なっとうです。むした大豆にナットウキンをくわえ、あたたかい場所に一日近くおいて作ります。コウジカビの力をかりたものが、みそやしょうゆです。みそを作るには、まず、むした米か麦にコウジカビをまぜたものを用意します。それと、しおを、にてつぶした大豆にくわえて、まぜ合わせます。ふたをして、風通しのよい暗い所に半年から一年の間おいておくと、大豆はみそになります。しょうゆも、よくにた作り方をします。

　これらのほかに、とり入れる時期や育て方をくふうした

（　）むした米か麦にコウジカビをまぜたものと、しおを、にてつぶした大豆にくわえて、まぜ合わせる。
（　）風通しのよい暗い所に半年から一年の間おいておく。
（　）ざいりょうをまぜ合わせたものに、ふたをする。
（　）むした米か麦にコウジカビをまぜたものを用意する。

4 みそとよくにた作り方をする食品は、何ですか。〔10点〕

（　　　　）

チャレンジ!
5 「えだ豆」、「もやし」は、それぞれ何をくふうした食べ方ですか。一つ5〔10点〕

えだ豆　（　　　　）をくふうした食べ方。

もやし　（　　　　）をくふうした食べ方。

言葉の意味プラス
10行　風通しのよい…風がよくふきぬける様子。
17行　わかい…生え出てから、あまり時間がたっていない。

食べ方もあります。ダイズを、まだわかくてやわらかいうちにとり入れ、さやごとゆでて食べるのが、えだ豆です。また、ダイズのたねを、日光に当てずに水だけをやって育てると、もやしができます。

〈国分《こくぶん》 牧衛《まきえ》「すがたをかえる大豆」による〉

1 よく出る 「目に見えない小さな生物の力をかりて、ちがう食品にするくふう」とありますが、次の食品にするときは、何の力をかりますか。 一つ5〔10点〕

なっとう（　　）

みそ（　　）

2 なっとうは、どんな場所に、どのくらいおいて作りますか。 一つ5〔10点〕

●場所（　　）

●どのくらい（　　）

3 みそは、どんな手順《じゅん》で作られますか。（　）に1～4を書きましょう。〔全てできて15点〕

6 えだ豆を食べるには、どうしますか。 一つ5〔10点〕

（　　）うちにとり入れたダイズを、さやごと（　　）。

7 もやしは、どうやって育てますか。〔10点〕

ダイズのたねを（　　）育てる。

8 よく出る この文章では、どんなことをせつめいしていますか。一つに○をつけましょう。〔10点〕

ア（　）大豆は、元の形のままでは食べられないこと。

イ（　）大豆は、いろいろなすがたで食べられていること。

ウ（　）大豆は、にて食べるのがいちばんおいしいこと。

2

次の文は、調べたことをせつめいする文章の書き方についてまとめたものです。正しいものには○、まちがっているものには×をつけましょう。 一つ5〔15点〕

ア（　）分かりやすい文章になるように、ないようのまとまりごとに段《だん》落を分ける。

イ（　）つたえたいことに合ったれいをえらび、順序《じょ》を考えて書く。

ウ（　）何について書いた文章かを分かってもらうために、はじめにれいをたくさんあげる。

ものしりメモ　ナットウキンやコウジカビのような小さい生物を「きん類《るい》」というんだ。ヨーグルトやチーズをつくる「にゅうさんきん」や、酒をつくる「こうぼきん」も「きん類」のなかまだよ。

つたわる言葉

きほんのワーク

ことわざ・故《こ》事成《せい》語

教科書 ㊦56～59ページ

答え 19ページ

もくひょう

●いろいろなことわざにふれて、意味や使い方を知ろう。

●故事成語の由来にきょうみをもとう。

勉強した日　月　日

漢字練習ノート20ページ

おわったらシールをはろう

新しい漢字

教科書56ページ

ページ	漢字	読み	画数
57	福	フク	13画
57	急	キュウ いそぐ	9画
57	起	キ おきる おこる おこす	10画
57	苦	ク くるしい くるしむ くるしめる にがい にがる	8画
59	待	タイ まつ	9画
59	談	ダン	15画

◀練習しましょう。 筆順《じゅん》 1 2 3 4 5

1 漢字の読み 読みがなを横に書きましょう。

① 福来たる　② 急ぐ　③ 早起き

④ 苦労《ろう》　⑤ 多少

⑥ 待ち合わせ　⑦ 相談

○新しく学習する漢字
●読み方が新しい漢字
◆とくべつな読み方をする言葉

④「苦」の訓読《くん》みには、くる-しい　にが-い　があるよ。

2 漢字の書き 漢字を書きましょう。

① □《く》労《ろう》する。

② 人に□□《そうだん》する。

3 次の文は、ことわざについてせつめいしたものです。（　）に合う言葉を、[　]からえらんで書きましょう。

ことわざは、生きていくうえでの（　　）を、（　　）言葉や言い回しで表している。

[みじかい　むずかしい　苦労《ろう》　ちえ]

4 次のことわざとにた意味のことわざを、下からえらんで、•—•でむすびましょう。

① 善《ぜん》は急げ　•　　• ア のれんにうでおし

② さるも木から落ちる　•　　• イ 思い立ったが吉日《きちじつ》

③ ぬかにくぎ　•　　• ウ かっぱの川流れ

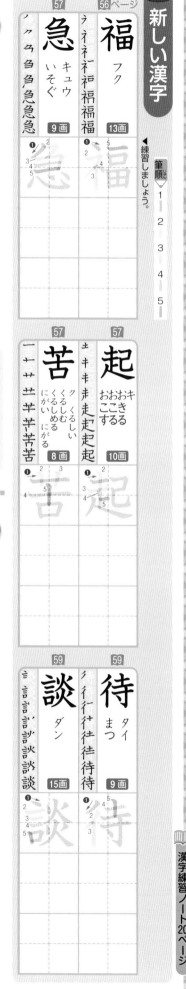

5 次のことわざの意味を、[　]からえらんで、記号で答えましょう。

① 石橋をたたいてわたる（　　）

② 時は金なり（　　）

③ 二階《かい》から目薬（　　）

④ おびに短《みじか》したすきに長し（　　）

ア 時間は大切だから、むだにしてはいけないということ。
イ なかなか思うようにいかず、じれったいこと。
ウ じゅうぶんにちゅういして、しんちょうに行動すること。
エ ちゅうとはんぱで、役に立たないこと。

6 次のことわざの（　）に合う言葉を、[　]からえらんで書きましょう。

① （　　）の手もかりたい

意味 とてもいそがしく、だれでもいいからてつだってほしい様子。

② 早起きは（　　）文《もん》の徳《とく》

意味 朝早く起きると、何かしらよいことがあるということ。

一　三　犬　ねこ

7 次の話を由来とする故《こ》事成《せい》語を、[　]のア～ウからえらんで（　）に、意味をあ～うからえらんで（　）に、記号で答えましょう。

① 昔の中国《ちゅうごく》で、へびの絵をかくきょうそうをしたときに、いちばん先にかきあげた人が、調子に乗ってへびに足をかき足した。すると、「へびに足はない。」と言われて負けてしまった。（　　）・（　　）

② 昔の中国で、たてとほこ（やりのようなぶき）を売る人がいた。「わたしのたてはがんじょうで、つき通せるものはない。」「わたしのほこはするどくて、どんなものでもつき通す。」と言うと、ある人に「そのほこで、そのたてをついたらどうなるのか。」とたずねられ、何も答えられなかった。（　　）・（　　）

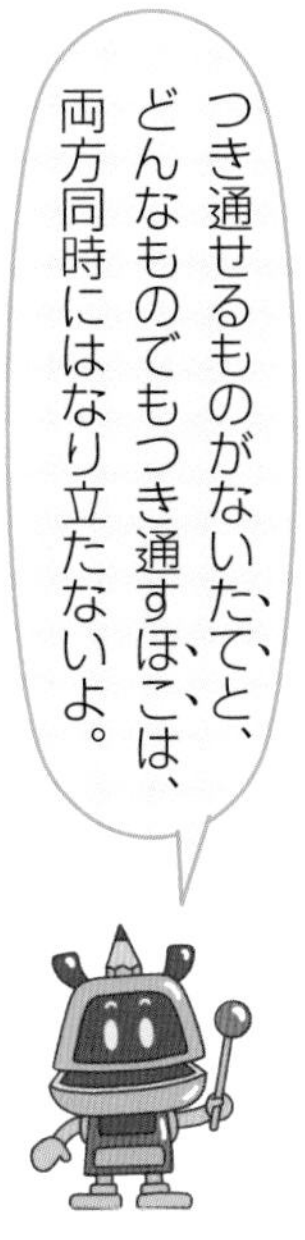
つき通せるものがないたてと、どんなものでもつき通すほこは、両方同時にはなり立たないよ。

ア 矛盾《むじゅん》　イ 推敲《すいこう》　ウ 蛇《だ》足
あ よけいなものをつけ足すこと。
い つじつまが合わないこと。
う 文章や詩などの言葉を何度《ど》も練って直すこと。

ものしりメモ 「時は金なり」とにている意味のことわざは、英《えい》語や中国《ちゅうごく》語にもあるんだ。昔から、世界中の人たちが、時間の大切さを感じて、むだにしないようにと考えていたんだね。

きほんのワーク

漢字の意味

教科書 下60～61ページ

答え 19ページ

勉強した日　月　日

もくひょう

- 漢字の意味を考えて、正しく使い分けられるようにしよう。
- 読み方が同じで意味のちがう漢字をおさえよう。

漢字練習ノート21ページ

おわったらシールをはろう

新しい漢字

教科書60ページ

筆順《ひつじゅん》 1 2 3 4 5

◀練習しましょう。

教科書ページ	漢字	読み	画数
60	鼻	はな	14画
60	歯	シ・は	12画
61	央	オウ	5画
61	階	カイ	12画
61	委	イ・ゆだねる	8画
61	級	キュウ	9画
61	昭	ショウ	9画
61	和	ワ	8画
61	駅	エキ	14画
61	皮	ヒ・かわ	5画
61	皿	さら	5画

1 漢字の読み

読みがなを横に書きましょう。

○新しく学習する漢字
●読み方が新しい漢字
◆とくべつな読み方をする言葉

1. 人形の鼻
2. 白い歯
3. 交ぜる
4. 中央
5. 二階
6. 部屋
7. 今朝
8. 学級
9. 昭和
10. 教わる
11. 皮むき
12. 皿あらい

2 漢字の書き

漢字を書きましょう。

1. □□□《い いん かい》の仕事。
2. □□《がっ きゅう》新聞。
3. 大きな□《えき》。
4. □《さら》をあらう。

③ 次の文に合う漢字を、[ ]からえらんで書きましょう。

❶
□《はな》で息《いき》をする。
部屋に□《はな》をかざる。

[花　鼻]

❷
妹は、クラスの人気□《もの》だ。
落とし□《もの》を拾う。

[者　物]

❸
□□《きしゃ》に乗《の》って旅をする。
新聞□□《きしゃ》になりたい。

[汽車　記者]

❹
食べ物を□□《しょうか》する。
みんなで□□《しょうか》作業を行う。

[消火　消化]

④ 次の文に合う漢字を書きましょう。

❶
たきびの□《ひ》に当たる。
遠くの山に□《ひ》がしずむ。

❷
りんごの□《き》を植える。
あの本が□《き》になる。

❸
□□《かじ》をふせぐ。
□□《かじ》のてつだいで、皿をあらう。

❹
□□《かいじょう》があれて、船がゆれる。
お祭りの□□《かいじょう》までバスで行く。

ものしりメモ
「にわにはにわにわとりがいる。」という早口言葉。漢字とかなを交ぜて書くと、「庭《にわ》には二羽にわとりがいる。」となるよ。漢字を使って書くと、意味がはっきりするね。

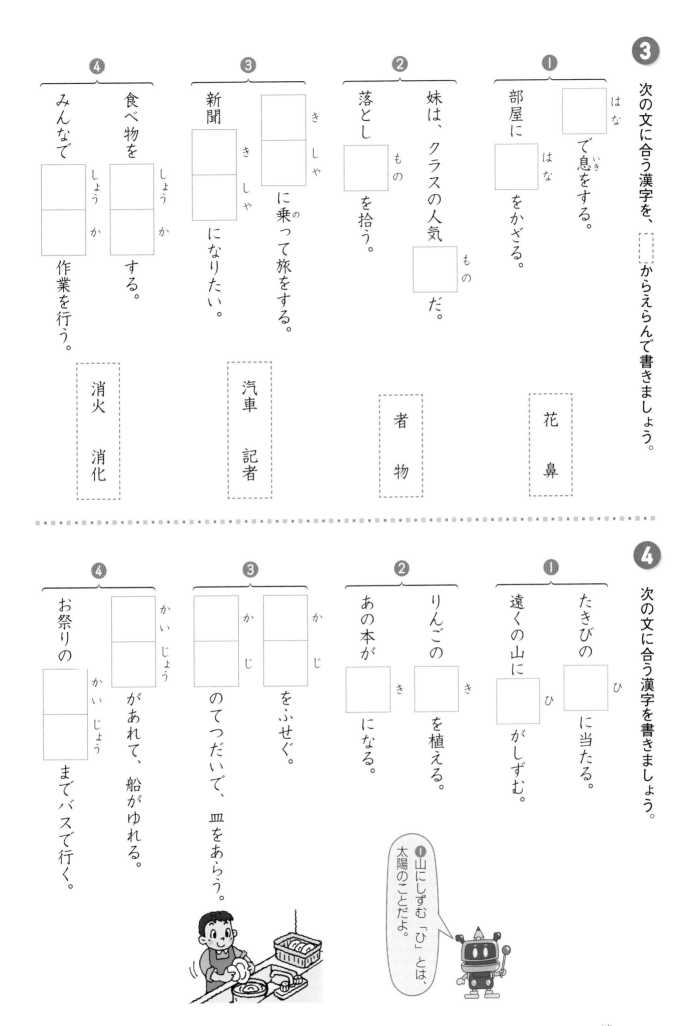

声に出して楽しもう

きほんのワーク

短歌を楽しもう
漢字の広場④ 二年生で習った漢字

教科書 ㊦62〜64ページ
答え 19ページ

勉強した日 月 日

もくひょう
●短歌とはどのようなものなのか知ろう。
●言葉の調子やひびきに気をつけ、いろいろな短歌を読み味わおう。

漢字練習ノート21〜22ページ

おわったらシールをはろう

新しい漢字

教科書 62ページ

短 タン みじかい 12画

筆順 1 2 3 4 5

◀練習しましょう。

1 漢字の読み

読みがなを横に書きましょう。

① 短歌

○新しく学習する漢字
●読み方が新しい漢字
◆とくべつな読み方をする言葉

2 漢字の書き

漢字を書きましょう。

① [　　]《たんか》を楽しむ。

3 二年生の漢字

漢字を書きましょう。

① [　]《いえ》の[　　]《きんじょ》の[　　]《こうばん》。

② [　　]《かっき》のある[　　]《いちば》。

③ [　]《みなみ》の方に[　　]《せんろ》がのびる。

①「きんじょ」は、「ちかいところ」という意味だよ。

4 言葉の意味

○をつけましょう。

① 62ページ 夜ごとに風が寒くなる。

ア（　）ときどきの夜。
イ（　）夜ではないとき。
ウ（　）毎日の夜。

「ごと」は、「そのたびに」という意味を表すよ。「日ごと」「月ごと」といった言い方もあるんだ。

5 短歌を楽しもう

次の文章は、短歌についてのせつめいです。（　）に合う言葉を、[　]からえらんで書きましょう。

短歌は、五・七・五・七・七の（　　）音《おん》で作られた短い詩。（　　）の様子や（　　）に思うことなどが表されている。

十七　三十一　しぜん　心

6 次の短歌を読んで、問題に答えましょう。

あ
むしのねも　のこりすくなに　なりにけり
よなよなかぜの　さむくしなれば
良寛《りょうかん》

虫の鳴き声もあまり聞こえなくなってきたなあ。夜ごとにふく風が寒くなるので。

い
秋来《き》ぬと目にはさやかに見えねども
風の音にぞおどろかれぬる
藤原《ふじわらの》敏行《としゆき》

秋が来たと、目に見えてはっきりとは分からないけれども、風の音が秋らしくて、はっとしたよ。

う
秋風の吹《ふ》きにし日より音羽山《おとわやま》峰《みね》のこずゑ《(え)》も色づきにけり
紀貫之《きのつらゆき》

秋風がふき始めたその日から、音羽山のちょうじょうでは、木のえだの先も色づき始めていたのだなあ。

1 あの短歌は、いつのきせつを表していますか。

［　　］の終わり

虫の声と風の様子は、どうなっているかな。

2 いの短歌で、作者は、どんなときに秋が来たと感じましたか。

（　　　　）が聞こえたとき。

3 よく出る！ うの短歌は、どこで区切って読むと、調子よく読めますか。**れい**にならって／で区切りましょう。

れい 奥山《おく》に／紅葉《もみじ》踏《ふ》み分け／鳴く鹿《しか》の／声聞く時ぞ／秋は悲しき　猿丸大夫《さるまるだゆう》

秋風の吹きにし日より音羽山
峰のこずゑも色づきにけり

4 あ～うの三つの短歌は、どんなところが同じですか。一つに○をつけましょう。

ア（　）秋になったことで、さびしくなった気持ちを表しているところ。

イ（　）風によって、きせつのうつりかわりを感じているところ。

ウ（　）虫や山などの大きなものや小さなものに、感動しているところ。

ものしりメモ 短歌を数えるときには、一首《しゅ》、二首というように、「首」を使うよ。かるたにもなっている「百人一首」は、百人の歌人の有名な短歌を、一首ずつ集めたことから、「百人一首」というよ。

登場人物の行動や気持ちをとらえて、えらんだ民話《みん》をしょうかいしよう

きほんのワーク

三年とうげ

教科書 ㊦65～80ページ

答え 20ページ

勉強した日 月 日

もくひょう
- 登場人物の行動や気持ちを読み取ろう。
- どんな出来事が起こり、その後どうなったかをつかもう。

漢字練習ノート22～23ページ

おわったら シールを はろう

新しい漢字

教科書 66ページ

筆順《ひつじゅん》 1 2 3 4 5 ◀練習しましょう。

教科書ページ	漢字	読み	画数	筆順
66	息	ソク いき	10画	′ ｲ 㐄 白 自 自 自 息 息
66	美	ビ うつくしい	9画	ソ ⺷ ⺷ 羊 羊 羊 美 美
68	転	テン ころがる ころげる ころがす ころぶ	11画	一 百 亘 車 車 転 転 転
70	病	ビョウ やまい	10画	亠 广 广 疒 疒 病 病 病
70	医	イ	7画	一 𠂉 𠂆 𠂆 医 医 医
70	飲	イン のむ	12画	𠆢 今 今 今 食 食 飲 飲
70	重	ジュウ チョウ え おもい かさねる かさなる	9画	一 二 千 吉 吉 吉 重 重
70	配	ハイ くばる	10画	一 冂 丙 西 酉 酉 酉 配
73	度	ド	9画	丶 亠 广 户 庐 庐 度 度
76	幸	コウ さいわい しあわせ	8画	一 十 土 去 去 圭 幸 幸

1 漢字の読み

読みがなを横に書きましょう。

1. ○ため息
2. ○美しい
3. ○転ぶ
4. ◆真っ青
5. ○病気
6. お○医者
7. ○飲む
8. ○重い
9. 心○配
10. 一○度
11. ○幸せ

○新しく学習する漢字
●読み方が新しい漢字
◆とくべつな読み方をする言葉

「重」の訓読《くん》みには、え・おも-い かさ-ねる があるよ。送りがなに注意しよう。

3 言葉の意味

○をつけましょう。

1 (66ページ) なだらかなとうげ。

ア( )とても高く立っている。

イ( )かたむきがゆるやかな。

ウ( )でこぼこした。

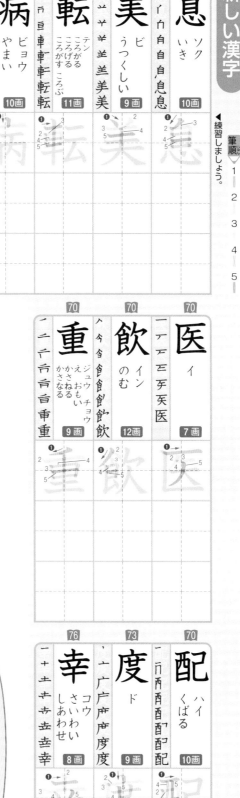

2 漢字の書き

漢字を書きましょう。

1 □《うつく》しく色づく。

2 とうげで□《ころ》ぶ。

3 薬を□《の》む。

4 病気が□《おも》くなる。

5 体の□□《しんぱい》をする。

6 □《しあわ》せに生きる。

6「しあわ(せ)」は、横ぼうの長さに気をつけよう。

ないようをつかもう！

☆三年とうげ　物語のないようを、場面ごとにまとめました。正しいほうに○をつけましょう。

始まり　教科書66〜68ページ

三年とうげのながめのよさと、
ア（　）れきし
イ（　）言いつたえ
のしょうかい。

出来事が起こる　68〜70ページ

おじいさんが、三年とうげで
ア（　）道にまよい、
イ（　）つまずいて転び、
病気になってしまう。

出来事がへんかする　72〜73ページ

ア（　）トルトリ
イ（　）おばあさん
が、病気のおじいさんに助言する。

出来事のかいけつとむすび　73〜76ページ

助言のとおり、三年とうげで
ア（　）何度も
イ（　）一度だけ
転んだおじいさんは、元気になって、幸せに、長生きする。

---

2 66 ふもとまで美しく色づく。
ア（　）山の下の方。
イ（　）山のてっぺん近く。
ウ（　）山と山の間。

3 69 三年とうげにさしかかる。
ア（　）その場所からはなれる。
イ（　）その場所を通りすぎる。
ウ（　）ちょうどその場所に来る。

4 70 おばあさんにしがみつく。
ア（　）ずっと話しかける。
イ（　）しっかりだきつく。
ウ（　）後ろからついていく。

5 70 じゅみょうは、あと三年だ。
ア（　）仕事をつづける期間。
イ（　）生きている時間の長さ。
ウ（　）病気がなおるまでの時間。

6 70 つきっきりで看《かん》病する。
ア（　）ずっとそばにいること。
イ（　）月に一度だけ来ること。
ウ（　）じっと動かないこと。

ものしりメモ　「がまずみ」は、秋になると赤い実《み》をつける木で、「ぬるで」は、秋になると美しく紅《こう》葉する、せのひくい木。あまり名前を知られていないけど、日本全国で見られる植物だよ。

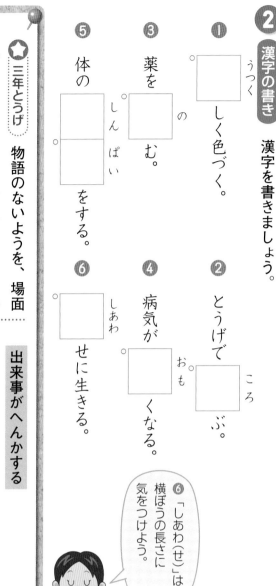

練習のワーク1

三年とうげ

教科書 下65〜80ページ
答え 20ページ

できるナビ
・三年とうげの様子や言いつたえを読み取ろう。
・おじいさんの様子に注意して読もう。

勉強した日　月　日

おわったらシールをはろう

次の文章を読んで、問題に答えましょう。

あるところに、三年とうげとよばれるとうげがありました。

あまり高くない、なだらかなとうげでした。

春には、すみれ、たんぽぽ、ふでりんどう。とうげからふもとまでさきみだれました。れんげつつじのさくころは、だれだってため息の出るほど、よいながめでした。

秋には、かえで、がまずみ、ぬるでの葉。とうげからふもとまで美しく色づきました。白いすすきの光るころは、だれだってため息の出るほど、よいながめでした。

三年とうげには、昔から、こんな言いつたえがありました。

「三年とうげで　転ぶでない。
三年とうげで　転んだならば、
三年きりしか　生きられぬ。
長生きしたけりゃ、
転ぶでないぞ。
三年とうげで　転んだならば、

1 「三年とうげ」は、どんなとうげでしたか。

あまり高くない、(　　　)なとうげで、春も秋も、(　　　)の出るほど、(　　　)ながめのとうげ。

2 よく出る 「こんな言いつたえ」とは、どんなものでしたか。

三年とうげで［　　　］ならば、三年きりしか［　　　］ないというもの。

3 三年とうげをこえるとき、みんなは、どのように歩きましたか。一つに○をつけましょう。

ア(　)こえるのに時間がかかるので、急いで歩いた。
イ(　)ながめを楽しみながら、ゆっくり歩いた。
ウ(　)転ばないように、注意深く歩いた。

言葉の意味プラス
1行　とうげ…上りと下りのさかい目。　6行　ながめ…見わたしたけしき。
20行　おそるおそる…物事をこわがりながらする様子。　28行　ひと息入れる…とちゅうで少し休む。

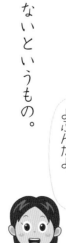

長生きしたくも　生きられぬ。」
ですから、三年とうげをこえるときは、みんな、転ばないように、おそるおそる歩きました。

　ある秋の日のことでした。一人のおじいさんが、となり村へ、反《たん》物を売りに行きました。そして、帰り道、三年とうげにさしかかりました。白いすすきの光るころでした。おじいさんは、こしを下ろしてひと息入れながら、美しいながめにうっとりしていました。しばらくして、

「こうしちゃおれぬ。日が
　くれる。」

おじいさんは、あわてて立ち上がると、

「三年とうげで　転ぶでないぞ。
　三年とうげで　転んだならば、
　三年きりしか　生きられぬ。」

と、足を急がせました。

〈李《リ》錦玉《クムオギ》「三年とうげ」による〉

4 おじいさんが三年とうげにさしかかったのは、何をした後の帰り道でしたか。

「ある秋の日のこと」だったよ。

（　　　　）

5 「こうしちゃおれぬ。」とありますが、このときまで、おじいさんは何をしていたのですか。

こしを下ろしてひと息入れながら、とうげから見える（　　　　）に見とれていた。

6 「足を急がせました」について答えましょう。

(1) よく出る　おじいさんが足を急がせたのは、なぜですか。一つに○をつけましょう。

あわてて立ち上がったときの、おじいさんの言葉に着目しよう。

ア（　）日がくれてしまいそうになったから。
イ（　）三年とうげがこわくなったから。
ウ（　）おばあさんに会いたくなったから。

(2) 「足を急がせました」という言葉から、おじいさんのどんな様子が分かりますか。一つに○をつけましょう。

ア（　）とうげをこえるので、きんちょうしている様子。
イ（　）急いで帰ろうと、あせっている様子。
ウ（　）歌のリズムに合わせて、楽しんでいる様子。

ものしりメモ
「とうげ」を漢字で書くと、「峠」。「とうげ」は、「山」の「上り」と「下り」の、さかいにある場所という意味で、日本で作られた字だよ。

練習のワーク②

三年とうげ

教科書 下65～80ページ　答え 20ページ

次の文章を読んで、問題に答えましょう。

お日様が西にかたむき、夕やけ空がだんだん暗くなりました。

ところがたいへん。あんなに気をつけて歩いていたのに、おじいさんは、石につまずいて転んでしまいました。おじいさんは真っ青になり、がたがたふるえました。

家にすっとんでいき、おばあさんにしがみつき、おいおいなきました。

「ああ、どうしよう、どうしよう。わしのじゅみょうは、あと三年じゃ。三年しか生きられぬのじゃあ。」

その日から、おじいさんは、ごはんも食べずに、ふとんにもぐりこみ、とうとう病気になってしまいました。お医者をよぶやら、薬を飲ませるやら、おばあさんはつきっきりで看病《かん》しました。けれども、おじいさんの病気

2 よく出る 「おじいさんは真っ青になり、がたがたふるえました。」とありますが、それはなぜですか。一つに○をつけましょう。

家に帰った後、おばあさんに何と言っているかな。

ア（　）気をつけて歩いていたのに転んでしまって、くやしかったから。

イ（　）石につまずいたのが、がまんできないくらいいたかったから。

ウ（　）三年とうげで転んだので、あと三年しか生きられないと思ったから。

3 「村の人たちもみんな心配しました。」とありますが、どんなことを心配したのですか。

（　　　）

4 おじいさんのみまいに来たのは、だれですか。

（　　　）

できるナビ
- どんな出来事が起こったのかをつかもう。
- おじいさんの考えがどうかわったかとらえよう。

勉強した日　月　日

おわったらシールをはろう

言葉の意味プラス
1行 かたむく…日や月などに使われるときは、しずみかけるの意味。
14行 とうとう…ついに。　19行 みまい…病気の人をたずねて、元気づけること。

はどんどん重くなるばかり。村の人たちもみんな心配しました。

そんなある日のこと、水車屋のトルトリが、みまいに来ました。

「おいらの言うとおりにすれば、おじいさんの病気はきっとなおるよ。」

「どうすればなおるんじゃ。」

おじいさんは、ふとんから顔を出しました。

「なおるとも。三年とうげで、もう一度転ぶんだよ。」

「ばかな。わしに、もっと早く死ねと言うのか。」

「そうじゃないんだよ。一度転ぶと、三年生きるんだろ。二度転べば六年、三度転べば九年、四度転べば十二年。このように、何度も転べば、うんと長生きできるはずだよ。」

おじいさんは、しばらく考えていましたが、うなずきました。

「うん、なるほど、なるほど。」

〈李《リ》錦玉《クムオギ》「三年とうげ」による〉

1 「ところがたいへん。」とありますが、おじいさんに何が起きたのですか。

三年とうげで（　　　　　　　　）。

5 よく出る トルトリは、おじいさんに、どこで、どうすると、病気がなおると言いましたか。

（どこ　　　　）で、（どうする　　　　　　）。

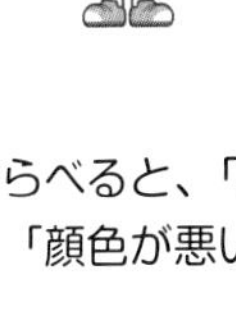
おじいさんの病気をなおそうと思って、このように言ったんだよ。

6 「ばかな。」とありますが、このときのおじいさんはどういう気持ちでしたか。一つに○をつけましょう。

ア（　）早く死ねと言われたように感じ、おこっている。

イ（　）病気のなおし方がわかって、よろこんでいる。

ウ（　）まちがったトルトリを、かわいそうに思っている。

7 おじいさんの考えは、トルトリの話を聞く前と後で、どのようにかわりましたか。

トルトリの話を聞く前	三年とうげで一度転んだので、（　　　　）しか生きられない。
トルトリの話を聞いた後	三年とうげで（　　　　）も転べば、うんと（　　　　）できる。

ものしりメモ 「真っ青」の「真」は、「本当に」という意味。「青」とくらべると、「真っ青」の方がとても青い様子を表すんだ。７行目のように人に使われるときは、「顔色が悪い様子」を表すよ。

きほんのワーク

わたしの町のよいところ
きせつの言葉4　冬のくらし

教科書　㊦81～87ページ

答え　21ページ

勉強した日　月　日

もくひょう
- 何かをしょうかいする文章の書き方を学ぼう。
- 文章の組み立てや、しょうかいしたい理由に注意しよう。

漢字練習ノート23ページ

おわったらシールをはろう

新しい漢字

教科書 82ページ

漢字	読み	画数	筆順
流	リュウ　ながれる　ながす	10画	氵 氵 汁 汁 汸 浐 浐 济 流 流
族	ゾク	11画	亠 方 方 方 扩 於 於 旌 族 族

筆順 1 2 3 4 5

◀練習しましょう。

1 漢字の読み

読みがなを横に書きましょう。

① 交流　② 水族館　③ 高校生

○新しく学習する漢字
●読み方が新しい漢字
◆とくべつな読み方をする言葉

2 漢字の書き

漢字を書きましょう。

① いろいろな人との［こう］［りゅう］。

② 小さな［すい］［ぞく］［かん］。

3 わたしの町のよいところ

次のメモは、水野さんが、町のよいところをしょうかいする文章を書くために書き出したものです。図の①～③は、何について書いたものですか。［　］からえらんで、記号で答えましょう。

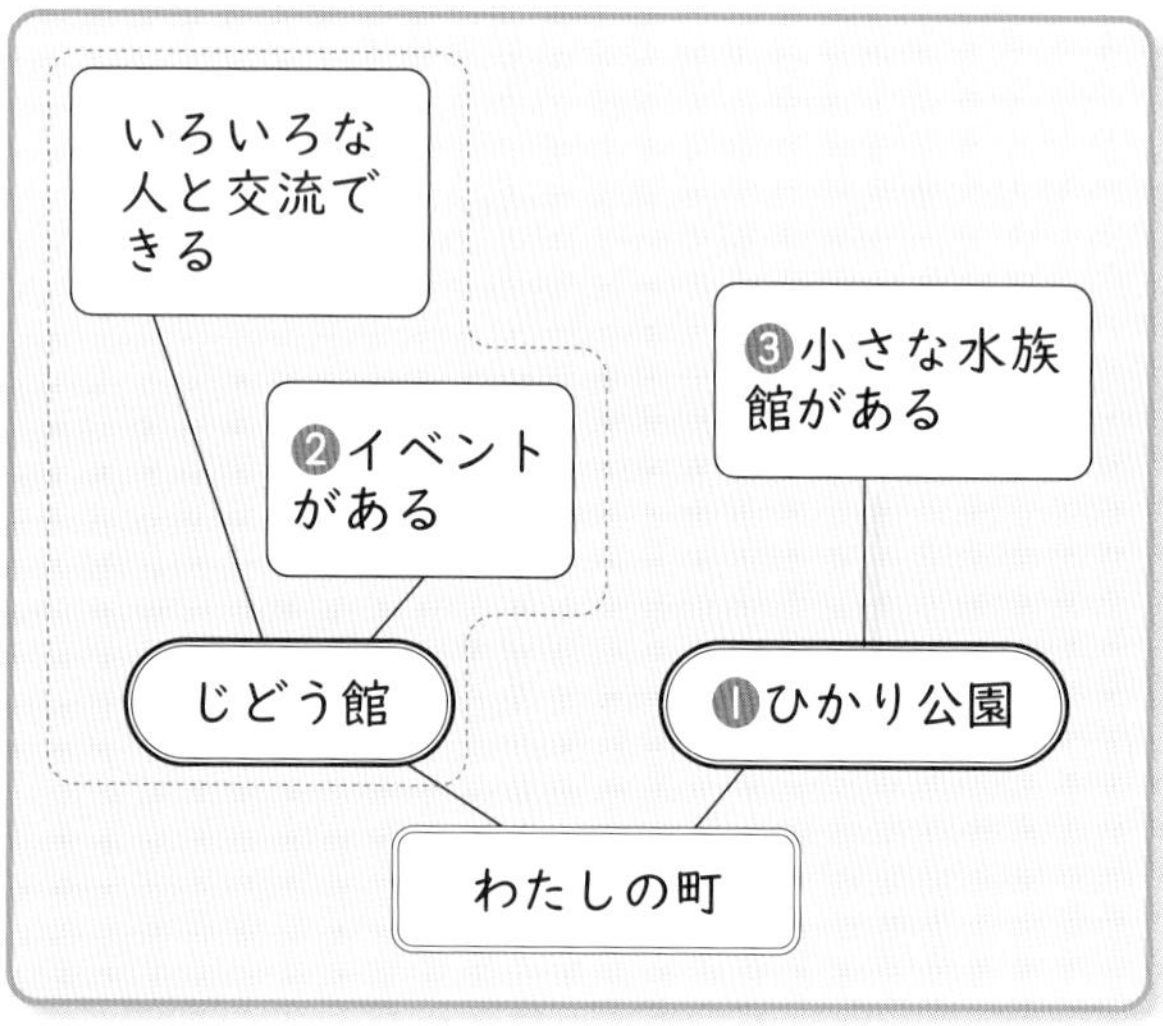

ア　しょうかいしたいもの
イ　しょうかいしたい理由

①（　　）
②（　　）
③（　　）

まず、しょうかいしたいものを書いて、その次に理由を書き出しているよ。

4 次は、水野さんが書いた、じどう館をしょうかいする文章の一部です。読んで、問題に答えましょう。

　このじどう館をしょうかいしたい理由は、二つあります。
　一つは、楽しいイベントがたくさんあるからです。じどう館では、工作教室やダンス教室などが開かれます。わたしは、先週、とうげい教室にさんかして、お皿を作りました。先生が、力の入れ具合をていねいに教えてくれたので、上手にできました。とうげい教室は、みなさんにもおすすめです。
　もう一つの理由は、いろいろな人と交流できるからです。このじどう館は、高校生までならだれでもりようできるので、年れいや学校がちがう人もいます。きのう、となりの学校の田中さんと話したら、人気のある遊びがちがっていて、びっくりしました。いつもとちがう友だちと交流すると、新しい発見があります。

〈「わたしの町のよいところ」による〉

1 「いろいろな人と交流できる」とありますが、水野さんはだれと交流しましたか。

（　　　　）の（　　　　）さん

2 この文章の感想として、合うもの一つに○をつけましょう。

ア（　）理由を二つあげるより、一つだけの方が分かりやすかったです。

イ（　）はじめに、理由が二つあることが書かれていて、分かりやすかったです。

ウ（　）ダンス教室でのたいけんが具体的《てき》に書かれていて、分かりやすかったです。

きせつの言葉4　冬のくらし

5 ①～③は、どんなじょうたいの雪を表す言葉ですか。下からえらんで、・――・でむすびましょう。

①どかゆき・　　・**ア** 水分が多くわりと大きなかたまりでふる雪。

②ねゆき・　　・**イ** 春になるまでとけずにのこっている雪。

③ぼたゆき・　　・**ウ** 短い時間にたくさんふりつもる雪。

6 冬においしくなるといわれている食べ物はどれですか。三つに○をつけましょう。

ア（　）れんこん 

イ（　）きゅうり 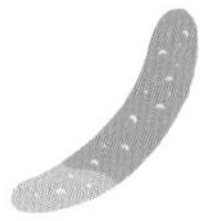

ウ（　）大根 

エ（　）にんじん 

オ（　）トマト 

カ（　）なす 

ものしりメモ
「はつゆき」は、「その年にはじめてふる雪」で、「ざらめゆき」は「春のはじめころに見られる大きくてざらざらした雪」のこと。雪のよび名から、きせつのうつりかわりがわかるね。

まとめのテスト

三年とうげ

教科書 ㊦65〜87ページ
答え 22ページ

時間20分

とく点　／100点

おわったらシールをはろう

勉強した日　月　日

次の文章を読んで、問題に答えましょう。

「ああ、どうしよう、どうしよう。わしのじゅみょうは、あと三年じゃ。三年しか生きられぬのじゃあ。」

その日から、おじいさんは、ごはんも食べずに、ふとんにもぐりこみ、とうとう病気になってしまいました。お医者をよぶやら、薬を飲ませるやら、おばあさんはつきっきりで看《かん》病しました。けれども、おじいさんの病気はどんどん重くなるばかり。村の人たちもみんな心配しました。

そんなある日のこと、水車屋のトルトリが、みまいに来ました。

「おいらの言うとおりにすれば、おじいさんの病気はきっとなおるよ。」

「どうすればなおるんじゃ。」

おじいさんは、ふとんから顔を出しました。

「なおるとも。三年とうげで、もう一度転ぶんだよ。」

「ばかな。わしに、もっと早く死ねと言うのか。」

1 「三年しか生きられぬのじゃあ。」とおじいさんが思ったのは、どこで、どうしたからですか。 一つ10〔20点〕

（どこ　　　　）で、（どうした　　　　）から。

2 「ごはんも食べずに、ふとんにもぐりこみ」とありますが、おじいさんがこんな行動をとったのは、なぜですか。一つに○をつけましょう。〔10点〕

ア（　）自分のじゅみょうを村人に知られてしまったことに、はらを立てたから。

イ（　）どうせなら、三年間すきなことをして生きていこうと決心したから。

ウ（　）自分は三年しか生きられないのだと思って、落ちこんでいたから。

3 よく出る● 「おいらの言うとおり」とありますが、トルトリは、おじいさんにどうするように言いましたか。〔10点〕

（　　　　）

言葉の意味プラス
6行 看《かん》病…病気の人の世話をすること。 24行 はね起きる…いきおいよく起きる。
25行 わざと…わざわざ。そうしようと思って何かをする様子。

「そうじゃないんだよ。一度転ぶと、三年生きるんだろ。二度転べば六年、三度転べば九年、四度転べば十二年。このように、何度も転べば、ううんと長生きできるはずだよ。」

おじいさんは、しばらく考えていましたが、うなずきました。

「うん、なるほど、なるほど。」

そして、ふとんからはね起きると、三年とうげに行き、わざとひっくり返り、転びました。

〈李《リ》 錦玉《クムオギ》「三年とうげ」による〉

4 チャレンジ!

「ふとんから顔を出しました」とありますが、このとき、おじいさんはどんな気持ちでしたか。一つに○をつけましょう。〔10点〕

ア（　）なおる方法《ほう》があるなら、知りたいものじゃ。

イ（　）どんなことをしても、病気はなおらないのじゃ。

ウ（　）トルトリが、いいかげんなことを言っておるわい。

5 「ばかな。」とありますが、おじいさんは、トルトリの言うとおりにすると、どうなると思いましたか。〔10点〕

（　　　）死んでしまうと思った。

6 トルトリは、おじいさんにどんな考えを話しましたか。一つ5〔10点〕

三年とうげで一度転ぶと、三年（　　　）のだから、何度も転べば、ううんと（　　　）できるはずだという考え。

7 書いてみよう!

「うん、なるほど、なるほど。」とありますが、おじいさんは、トルトリの考えを聞いてどう思ったのですか。〔15点〕

（　　　）

8 よく出る

トルトリの話を聞いたおじいさんは、三年とうげに行って、どうしましたか。〔15点〕

（　　　）

ものしりメモ

「三年とうげ」は、韓国《かんこく》などで古くから語りつたえられてきた民《みん》話だよ。日本の昔話の「ももたろう」「おむすびころりん」「かちかち山」のようなものだね。

きほんのワーク

詩のくふうを楽しもう
四まいの絵を使って

教科書 ㊦88～93ページ
答え 22ページ

もくひょう
●それぞれの詩に、どのようなくふうがあるのかを考えながら読もう。
●組み立てを考えながら、物語を書こう。

勉強した日　月　日

おわったらシールをはろう

1 詩のくふうを楽しもう

次の詩を読んで、問題に答えましょう。

あ

和田《わだ》　誠《まこと》

からはおもくて
たくさんあるくと
つかれるけれど
むりしてたてた
りっぱなおうち

い

はせ　みつこ

1 ことばはつなぐ
2 とおくとちかく
3 ばらとみつばち
4 だれかとだれか
5 いまとむかし
6 すきと□
7 きみとわたし

4 いの詩の中で、ほかの行とはちがう言い回しの行は、どの行ですか。1～7の行番号で答えましょう。

□行目

ほとんどの行は「○○と○○」というように言葉がならんでいるよ。

5 いの詩に題名をつけるとしたら、どれがふさわしいですか。一つに○をつけましょう。

ア（　）ことばだいすき
イ（　）ことばとむかし
ウ（　）ばらとみつばち

6 うの詩の第一連《れん》と第二連では、それぞれ何について書かれていますか。

●第一連…あたらしい□
●第二連…あたらしい□

7 よく出る● うの詩には、どんなくふうがありますか。一つに○をつけましょう。

う

あした

石津《いしづ》 ちひろ

あしたのあたしは
あたらしいあたし
あたしらしいあたし

あたしのあしたは
あたらしいあした
あたしらしいあした

5

1 よく出る あ の詩は、何についてうたっていますか。

（　　　　　）

それぞれの行のさいしょの字を、つなげて読んでみよう。

2 「りっぱなおうち」とは、何のことですか。

3 い の詩の□に入る言葉は、何ですか。

前後の行に着目しよう。「いま」↔「むかし」、「きみ」↔「わたし」。反対の意味の言葉がならんでいるね。

ア（　）クイズのように、行のさいしょに言葉をかくしている。

イ（　）声に出して読んで楽しめるように、にている言葉をならべている。

ウ（　）目で見ておもしろいように、文字や言葉を絵のようにならべている。

☆ 四まいの絵を使って

2 物語は、「①始まり→②出来事が起こる→③出来事がかいけつする→④むすび」という組み立てで書かれることが多いです。次の絵が「①始まり」の場合、どのような文章がふさわしいですか。一つに○をつけましょう。

ア（　）こうしてぶじに、ルルとネロは、なかなおりをすることができました。

イ（　）うさぎのルルは、たぬきのネロと大のなかよし。いつも野原で遊んでいます。

ウ（　）ルルは、きのうネロが言ったことが気になって、野原で遊ぶ気がしません。

「①始まり」には、登場人物についてや、時、場所などが書かれていることが多いよ。

ものしりメモ 「あたし」は、話し手が自分のことを指して言う言葉だよ。昔の日本では、「まろ」「あ」「それがし」などの言葉が使われていたよ。

きほんのワーク

カンジーはかせの音訓《おんくん》かるた
漢字の広場⑤ 二年生で習った漢字

教科書 下94～96ページ

答え 23ページ

勉強した日 月 日

もくひょう
●漢字の音と訓を使った文を正しく読もう。
●音と訓がいくつかある漢字を正しく読み分けよう。

おわったらシールをはろう

漢字練習ノート24～25ページ

新しい漢字

教科書ページ

教科書ページ	漢字	読み	画数	筆順
94	帳	チョウ	11画	帳
94	代	ダイ　タイ　かわる　かえる　よ	5画	ノ イ 仁 代 代
94	曲	キョク　まがる　まげる	6画	丨 冂 曰 甲 曲 曲
94	投	トウ　なげる	7画	一 丁 扌 扌 护 投 投
94	炭	タン　すみ	9画	炭
94	羊	ヨウ　ひつじ	6画	丶 丷 兰 兰 羊
94	宿	シュク　やど　やどる　やどす	11画	宿
94	丁	チョウ	2画	一 丁
94	宮	キュウ　みや	10画	宮
94	院	イン	10画	院
95	礼	レイ	5画	丶 ラ ネ ネ 礼
95	等	トウ　ひとしい	12画	等
95	反	ハン　そる　そらす	4画	一 厂 万 反
95	君	クン　きみ	7画	フ コ ヨ 尹 尹 君 君
95	乗	ジョウ　のる　のせる	9画	乗

◀練習しましょう。

筆順 1 2 3 4 5

○新しく学習する漢字
●読み方が新しい漢字
◆とくべつな読み方をする言葉

1 漢字の読み

読みがなを横に書きましょう。

① 日記帳

② 千代紙

③ 羊毛

④ 宮大工

⑤ 寺院

⑥ 君とぼく

⑦ 乗る

⑧ かん電池

2 漢字の書き

漢字を書きましょう。

① 左に□《ま》がる。

② □□《せきたん》をもやす。

③ □《やど》にとまる。

④ □□《いっちょう》のとうふ。

⑤ お□《れい》の手紙。

⑥ □□《はんたい》の意見。

3 二年生の漢字

漢字を書きましょう。

① 友だちの□□《はつげん》を□《き》く。

② □□《けいさん》問題に□《こた》える。

③ □□《にっちょく》が□□《こくばん》を消す。

④ □□《しんぶん》で□□《しゃかい》の動きを□《し》る。

カンジーはかせの音訓《おんくん》かるた

4 音と訓に気をつけて読み分けましょう。

① 重い病にかかる。（　　）
大きな病院。（　　）

② 勝負を決める。（　　）
しあいに勝つ。（　　）

③ 昼食をとる。（　　）
とうふを食べる。（　　）

④ ボールを投げる。（　　）
投手で四番バッターだ。（　　）

⑤ 体温を計る。（　　）
ミルクを温める。（　　）

⑥ 右を向く。（　　）
西の方向に進む。（　　）

5 次の文の□には、同じ漢字が入ります。その漢字を□に書きましょう。

① □《しゃ》真を□《うつ》す。　□

② 上□《とう》な布《ぬの》を□《ひと》しく配る。　□

③ □《ゆう》園地で□《あそ》ぶ。　□

④ 口□《ぶえ》をふきながら汽□《てき》をきく。　□

ものしりメモ

「かるた」という言葉は、ポルトガル語から来ているんだよ。ほかにも「じょうろ」「てんぷら」など、ポルトガル語がもとになっている日本語はいろいろあるよ。

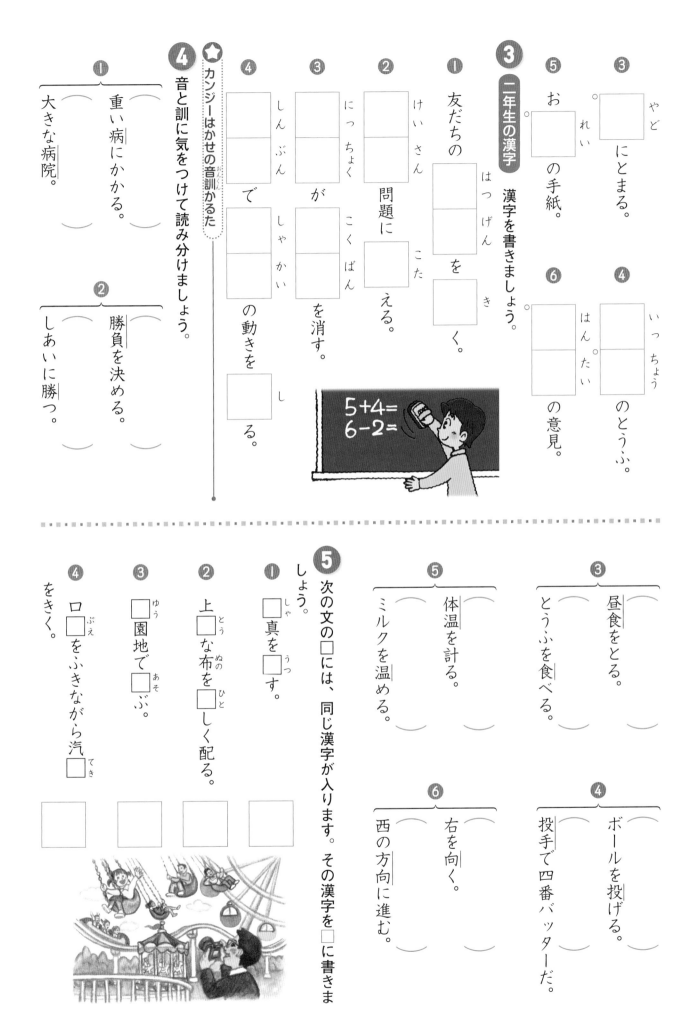

読んで考えたことをつたえ合おう

きほんのワーク

ありの行列
つたわる言葉で表そう／たから島のぼうけん

教科書 下97～115ページ
答え 23ページ

勉強した日　月　日

もくひょう
●ありの行列ができる仕組みを読み取ろう。
●段落《だんらく》どうしのつながりに注意し、「問い」と「答え」をたしかめよう。

おわったらシールをはろう

漢字練習ノート26ページ

新しい漢字

教科書98ページ

筆順《じゅん》 1 2 3 4 5　◀練習しましょう。

ページ	漢字	読み	画数
101	庭	テイ　にわ	10画
101	研	ケン	9画
101	究	キュウ	7画
107	打	ダ　うつ	5画
108	受	ジュ　うける　うかる	8画
111	島	トウ　しま	10画

○新しく学習する漢字
●読み方が新しい漢字
◆とくべつな読み方をする言葉

1 漢字の読み　読みがなを横に書きましょう。

① ○庭や公園　② ●外れる　③ ●行く手　④ ●細か　⑤ ○研究
⑥ ●交わる　⑦ ○打つ　⑧ ○受ける　⑨ ○たから島

2 漢字の書き　漢字を書きましょう。

① ○［にわ］のすみ。
② ありの○［けん］○［きゅう］。
③ ホームランを○［う］つ。
④ 言葉から○［う］ける感じ。

4 言葉の意味　○をつけましょう。

① 99ページ ありの様子をかんさつする。
ア（　）おうえんしてはげますこと。
イ（　）よくなるようにかえること。
ウ（　）そのままをよく見ること。

② 99 巣《す》に帰るときの道すじ。
ア（　）道ばたにある目じるし。
イ（　）通っていく道。
ウ（　）道についた足あと。

③ 100 ありの行く手。
ア（　）進んでいく方向。
イ（　）もどっていく方向。

3 つたわる言葉で表そう

次の文に続《つづ》ける言葉として、読む人がより様子を思いうかべられるのはどちらですか。○をつけましょう。

● きのうは朝からずっと雨がふっていた。

ア（　）寒い一日だった。
イ（　）はだ寒い一日だった。

どちらも寒さを表しているけれど、よりぴったりするのはどっちかな？

ないようをつかもう！

ありの行列

文章を三つのまとまりに分けて、ないようをまとめました。（　）に合う言葉を、[　]からえらんで書きましょう。

教科書 98〜102ページ

はじめ	第一段《だん》落	なぜ、ありの（　）ができるのか。
中	第二〜第八段落	ありは、えさを見つけると、においのあるとくべつの（　）を出し、地面につけながら歩く。…ウイルソンの研究
終わり	第九段落	ありは、（　）をたどって行き来するので、行列ができる。

[えき　行列　におい]

[問い]→[せつめい]→[答え]という文章の組み立てになっているよ。

ウ（　）じっと見ている方向。

4 100 道をさえぎる。
ア（　）先に行ってたしかめる。
イ（　）見えないようにかくれる。
ウ（　）じゃまをして止める。

5 100 ありの行列がちりぢりになる。
ア（　）どこまでものびる様子。
イ（　）ちぢまっていく様子。
ウ（　）ばらばらになる様子。

6 101 道しるべになるものをつける。
ア（　）道あんないになるもの。
イ（　）道を通れなくするもの。
ウ（　）通る人を楽しませるもの。

7 101 はたらきありの体の仕組み。
ア（　）順《じゅん》番。
イ（　）区切り。
ウ（　）つくり。

8 102 えきのにおいをたどる。
ア（　）手がかりにして進む。
イ（　）体の中から出て流れる。
ウ（　）すぐに消えてなくなる。

ものしりメモ 多くのありの巣《す》には、一ぴきの女王ありと多くのはたらきありがいるよ。女王ありがメスだからはたらきありはオスだと思っている人もいるけど、実《じつ》はどちらもメスなんだ。

練習のワーク

ありの行列

教科書 下97〜106ページ
答え 23ページ

できるナビ
●何を知るためのじっけんなのかをつかもう。
●じっけんのやり方とそのけっかを読み取ろう。

勉強した日　月　日

おわったらシールをはろう

次の文章を読んで、問題に答えましょう。

アメリカのウイルソンという学者が、なぜ、ありの行列ができるのかを調べるために、じっけんを行った。

はじめに、ありの巣《す》から少しはなれた所に、ひとつまみのさとうをおきました。しばらくすると一ぴきのありが、そのさとうを見つけました。これは、えさをさがすために、外に出ていたはたらきありです。ありは、やがて、巣に帰っていきました。すると、巣の中から、たくさんのはたらきありが、次々と出てきました。そして、列を作って、さとうの所まで行きました。ふしぎなことに、その行列は、はじめのありが巣に帰るときに通った道すじから、外れていないのです。

1 「ありの巣から少しはなれた所に、ひとつまみのさとうをおきました」について答えましょう。

(1) ウイルソンの行ったこのじっけんで、ありはどんな行動をとりましたか。順番《じゅん》になるように、（　）に1〜4を書きましょう。

ありの行列ができるまでの順番だよ。

（　）巣の中から、たくさんのはたらきありが、次々と出てきた。
（　）一ぴきのありが、さとうを見つけた。
（　）はたらきありたちが、列を作って、さとうの所まで行った。
（　）さとうを見つけたありが、巣に帰った。

(2) よく出る● このじっけんで、ウイルソンがふしぎに思ったのは、どんなことですか。

ありの行列が、はじめのありが巣に帰るときに通った
（　　　　）から（　　　　）こと。

2 「この道すじに大きな石をおいて、ありの行く手をさえぎってみました」について、答えましょう。

言葉の意味プラス
1行 ひとつまみ…指の先で一度つまんだくらいのりょう。
17行 みだれる…まとまりがなくなる。ばらばらになる。

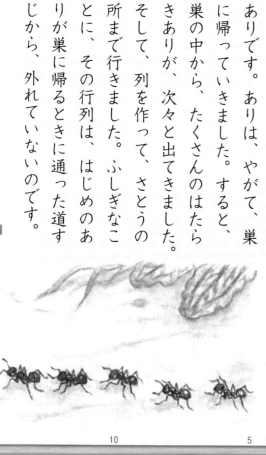

次に、この道すじに大きな石をおいて、ありの行く手をさえぎってみました。すると、ありの行列は、石の所でみだれて、ちりぢりになってしまいました。ようやく、一ぴきのありが、石の向こうがわに道のつづきを見つけました。そして、さとうに向かって進んでいきました。そのうちに、ほかのありたちも、一ぴき二ひきと道を見つけて歩きだしました。まただんだんに、ありの行列ができていきました。目的《てき》地に着くと、ありは、さとうのつぶを持って、巣に帰っていきました。帰るときも、行列の道すじはかわりません。ありの行列は、さとうのかたまりがなくなるまでつづきました。

〈大滝《おおたき》 哲也《てつや》「ありの行列」による〉

(1) ありは、どのように行動しましたか。

① 石の所で行列がみだれて、□□□□になった。

② 一ぴきのありが、石の向こうがわに□□□□□を見つけた。

③ ほかのありたちも、□を見つけて歩きだした。

(2) ありの行列は、けっきょくどうなりましたか。一つに○をつけましょう。

ア（　）あっというまに、元にもどった。

イ（　）少しずつ、元にもどった。

ウ（　）元にもどることはなかった。

3 よく出る この文章では、どんなことをせつめいしていますか。一つに○をつけましょう。

「やがて」「すると」「そして」などの言葉を使って、順を追《お》ってせつめいしていることに着目しよう。

ア（　）ありが行列を作る様子。

イ（　）ありの行列がとぎれない理由。

ウ（　）ありの行列をさえぎる方法《ほう》。

ものしりメモ ありはしゅるいによって、行列を作るものと作らないものがいるよ。目の大きなクロオオアリは、光で場所をおぼえられるから、行列を作らなくてもちゃんと巣《す》にもどれるんだ。

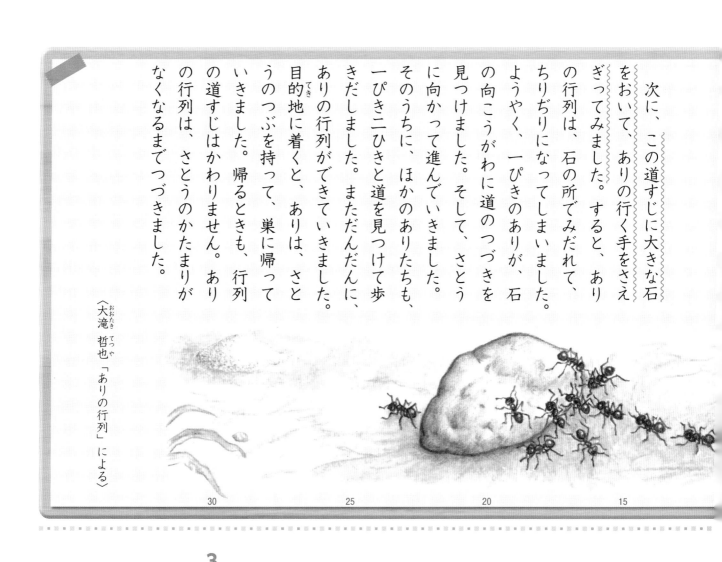

まとめのテスト

ありの行列
つたわる言葉で表そう

教科書 下97～115ページ
答え 24ページ

時間20分

とく点 /100点

おわったらシールをはろう

勉強した日 月 日

1 次の文章を読んで、問題に答えましょう。

〔なぜ、ありの行列ができるのかを調べていたウイルソンは、はたらきありが地面に何か道しるべになるものをつけておいたのではないかと考えた。〕

① そこで、ウイルソンは、はたらきありの体の仕組みを、細かに研究してみました。すると、ありは、おしりのところから、とくべつのえきを出すことが分かりました。それは、においのある、じょうはつしやすいえきです。

② この研究から、ウイルソンは、ありの行列のできるわけを知ることができました。

5 ウイルソンは、ありの行列ができるわけについて、どういう「答え」を出しましたか。 一つ5〔10点〕

えさを見つけたはたらきありが（　　　）として地面につけたえきの（　　　）にそって、ほかのはたらきありたちが歩くので、行列ができる。

6 よく出る 「えさが多いほど、においが強くなります」とありますが、なぜですか。一つに○をつけましょう。〔10点〕

ア（　）えさからも、においが出るから。
イ（　）一ぴきのありが出すえきが、多くなるから。
ウ（　）多くのありが、えきを地面につけるから。

7 チャレンジ！ 文章のないように合うものには○、合わないものには×をつけましょう。 一つ5〔15点〕

ア（　）ありは、おしりのところからえきを出す。
イ（　）ありは、えきのにおいをえさにつける。
ウ（　）ありは、えさのにおいをたどって歩く。

8 よく出る 次の文は、どの段《だん》落についてのせつめいですか。①～③の段落番号を書きましょう。〔10点〕

言葉の意味プラス
3行 細かに…くわしく。 8行 じょうはつ…水などが、空気のような、決まった形や大きさのないものになること。

③ はたらきありは、えさを見つけると、道しるべとして、地面にこのえきをつけながら帰るのです。ほかのはたらきありたちは、そのにおいをかいで、においにそって歩いていきます。そして、そのはたらきありたちも、えさを持って帰るときに、同じように、えきを地面につけながら歩くのです。そのため、えさが多いほど、においが強くなります。

〈大滝《おおたき》　哲也《てつや》「ありの行列」による〉

1 ウイルソンは、何を細かに研究しましたか。〔10点〕

はたらきありの□□□□□。

2 「とくべつのえき」のとくちょうを、二つに分けて書きましょう。一つ5〔10点〕

（　　　　）

（　　　　）

3 「この研究」から、ウイルソンは何を知ることができましたか。〔5点〕

（　　　　）

4 はたらきありは、どんなときに、えきを地面につけますか。一つ5〔10点〕

（　　　　）を見つけて、巣に（　　　　）とき。

● ありの行列のできるわけを、じゅんじょよく、くわしくせつめいしている。（　）

2 次の①・②の文章について、問題に答えましょう。

① きのう、音楽会に行ったんだ。すてきなホールで、えんそうもすてきだったよ。本当にすてきだったよ。

② きのう、音楽会に行ったよ。ホールは、新しくて大きかったし、音がきれいにひびいていたんだ。えんそうは、迫力《はくりょく》があって、とても感動的《てき》だったよ。

1 様子や気持ちが、相手によくつたわるのは、どちらの文章ですか。番号で答えましょう。〔10点〕

（　　）

2 **1**の答えの文章が相手によくつたわるのは、なぜですか。一つに○をつけましょう。〔10点〕

ア（　）自分のつたえたいことに、ぴったり合う言葉を使っているから。

イ（　）自分のつたえたいことが相手につたわるように、同じ言葉を何度も使っているから。

ウ（　）自分のつたえたいことを相手がまちがえないように、出来事だけをえらんでつたえているから。

ものしりメモ ありはしゅるいによって、巣《す》を作る場所がちがうよ。土の中や木のすきまに作る巣もあれば、葉っぱを糸でつなぎ合わせて木の上に作る巣などもあるんだよ。

きほんのワーク

お気に入りの場所、教えます

教科書 下116～120ページ
答え 24ページ

もくひょう
●聞く人につたわりやすい話の組み立てと、話し方のくふうを学ぼう。
●つたえたいことと、その理由をつかもう。

勉強した日　月　日

1 漢字の読み　読みがなを横に書きましょう。

○新しく学習する漢字
●読み方が新しい漢字
◆とくべつな読み方をする言葉

① 強・弱

2 漢字の書き　漢字を書きましょう。

① 声の□□《きょうじゃく》。

3 言葉の意味　○をつけましょう。

① 117ページ しばふが一面に植えられている。
ア（　）一部分。
イ（　）全体。
ウ（　）半分だけ。

② 118ページ さつえいしたものを見返す。
ア（　）あらためて見る。
イ（　）見せつける。
ウ（　）見たことを思い出す。

漢字練習ノート26ページ

おわったらシールをはろう

4 発表会で、学校のお気に入りの場所について発表します。どんな順《じゅん》番で進めるとよいですか。（　）に１～５を書きましょう。

（　）組み立てを考え、発表メモを作る。
（　）お気に入りの場所を、一つ決める。
（　）発表の感想をつたえ合う。
（　）お気に入りの場所のしりょうを集める。
（　）練習をして、発表会を開く。

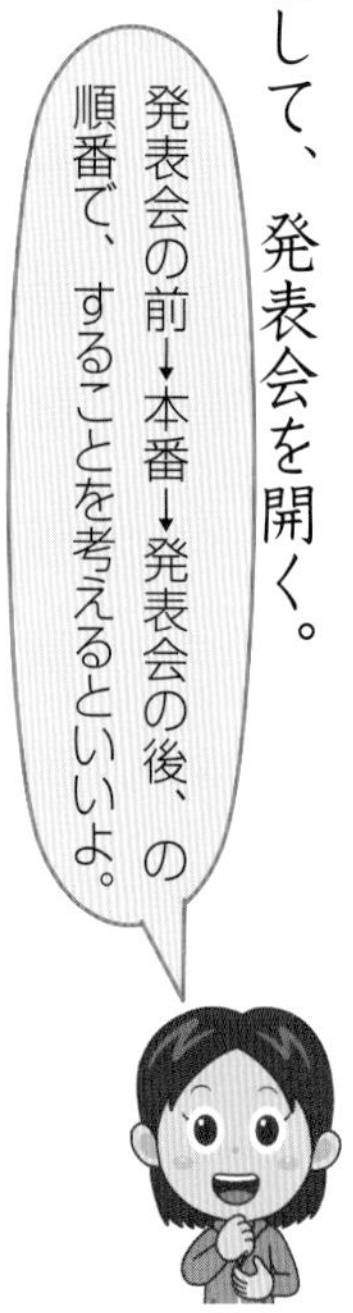
発表会の前→本番→発表会の後、の順番で、することを考えるといいよ。

5 発表の組み立ては、次の三つにまとめると分かりやすくなります。それぞれどんなことを書くとよいですか。合うものを下からえらんで、・――・でむすびましょう。

① はじめ　・　　・ア　つたえたいことを、もう一度くり返す。
② 中　・　　・イ　つたえたいことを、はっきりしめす。
③ 終わり　・　　・ウ　つたえたいことに合う理由を、いくつかしめす。

6 次の文章は発表の一部分です。読んで、問題に答えましょう。

はじめ

わたしのお気に入りの場所は、東こうしゃと西こうしゃの間にある中庭です。

中

中庭がすきな理由は、二つあります。

一つ目は、気持ちのよさです。しばふが植えられているので、夏はすずしく、冬はあたたかく感じます。また、しばふのおかげで転んでもいたくないので、思い切り遊べます。そして、まわりに木や花があるので、きせつを感じることができます。

二つ目は、思い出の場所だということです。みなさんは、ここで、がっしょうの練習をしたことをおぼえていますか。がっしょう祭に向けて、何度もここで練習しましたね。はじめは小さな歌声でしたが、練習を重ねるうちに、遠くまでひびく声が出せるようになりました。本番では、みんなの息がぴったり合い、聞きに来てくれたちいきの方に、「きれいなハーモニーだったよ。」と言ってもらえました。

〈「お気に入りの場所、教えます」による〉

---

1 発表者のお気に入りの場所は、どこですか。

（　　　　）

2 「中」の部分の発表メモをまとめましょう。

理由①（❶　　　　）

・（❷　　　　）→夏はすずしい。

（❸　　　　）はあたたかい。

・木や花→（❹　　　　）を感じることができる。

理由②（❺　　　　）

・（❻　　　　）の練習

→遠くまでひびく声が出せるようになった。

3 聞く人につたわりやすい発表のしかたとして、合うものには○、合わないものには×をつけましょう。

ア（　）声の大きさや話す速さをくふうする。

イ（　）写真などのしりょうを利《り》用する。

ウ（　）発表の真ん中でつたえたいことを言う。

ものしりメモ

話の中の「間《ま》」とは、言葉と言葉の間《あいだ》の、何も言わない短い時間のことだよ。だから「間《ま》を取る」というのは、次の言葉を話し出す前に、ちょっと時間を空けることだよ。

登場人物について考えたことを、つたえ合おう

きほんのワーク

モチモチの木

漢字の広場⑥ 二年生で習った漢字

教科書 下121～137ページ

答え 25ページ

勉強した日 月 日

もくひょう

● 登場人物の会話や行動から、せいかくや気持ちをとらえよう。

● 登場人物の気持ちのへんかをとらえよう。

漢字練習ノート27～28ページ

おわったらシールをはろう

新しい漢字

教科書ページ

ページ	漢字	読み	画数
123	追	ツイ　おう	9画
124	実	ジツ　み　みのる	8画
126	神	シン　ジン　かみ	9画
129	箱	はこ	15画
132	湯	トウ　ゆ	12画
133	他	タ　ほか	5画
135	身	シン　み	7画

◀練習しましょう。 筆順 1 2 3 4 5

⑤「ネ」（しめすへん）は、神様に関係《かん》する漢字に使われることが多いよ。

○新しく学習する漢字
●読み方が新しい漢字
◆とくべつな読み方をする言葉

1 漢字の読み

読みがなを横に書きましょう。

① ○追いかける ② 木の○実 ③ ◆二十日 ④ 今●夜 ⑤ ○神様 ⑥ 薬○箱 ⑦ ●明かり ⑧ ○湯をわかす ⑨ ○他人 ⑩ 自○身

2 漢字の書き

漢字を書きましょう。

① 山の○□□《かみさま》のお祭り。

② あつい○□《ゆ》。

4 言葉の意味

○をつけましょう。

① 122ページ おくびょうなやつ。

ア（　）こわがりで、気が弱い。

イ（　）わがままで、おこりっぽい。

ウ（　）無《む》口で、おとなしい。

② 123 きもをひやすような所をとぶ。

ア（　）しずかで落ち着く。

イ（　）きけんでぞっとする。

ウ（　）意外でおどろく。

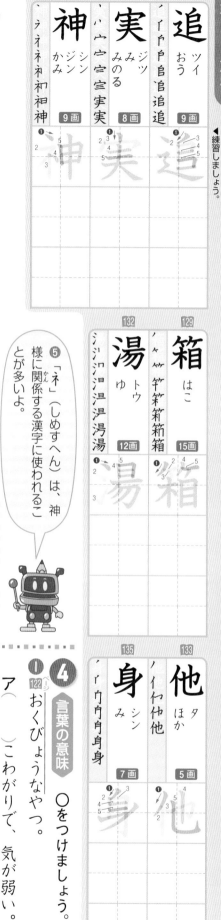

3 二年生の漢字

漢字を書きましょう。

① □《はる》の□《の》□《はら》。

② □《なつ》には□《うみ》で□《さかな》をつる。

③ □《あき》の遠足で□《やま》□《ざと》を□《ある》く。

④ □《ふゆ》の□《よ》□《ぞら》に□《ほし》が光る。

ないようをつかもう！

★モチモチの木　（　）に合う言葉を[　]からえらんで、記号で答えましょう。　教科書 122〜133ページ

① 豆太《まめた》は（　　）で、夜中に、一人でせっちんに行けない。

② 豆太は、昼間は、モチモチの木に（　　）たいどをとる。

③ 灯《ひ》がともったモチモチの木は、一人の（　　）のある子どもしか見ることができない。

④ 豆太は、はらいたのじさまのために、ふもとの村へ走る。
その帰りに、灯がついたモチモチの木を見る。

⑤ じさまは、「人間、（　　）さえあれば、やらなきゃならねえことは、きっとやるもんだ。」と言った。

ア やさしさ　イ ゆうき
ウ おくびょう　エ いばった

気の弱い豆太が、大すきなじさまを助けようとする話だよ。

③ 124 ほっぺたが落っこちるほどの味。
ア（　）たまらなくおいしい。
イ（　）とてもめずらしい。
ウ（　）あまりすきではない。

④ 124 いばってさいそくする。
ア（　）大きな声でめいれいすること。
イ（　）同じことをくり返させること。
ウ（　）早くするように急がせること。

⑤ 124 上からおどかす。
ア（　）楽しませる。
イ（　）こわがらせる。
ウ（　）注意をする。

⑥ 127 くまみたいにうなる。
ア（　）大きな声でどなる。
イ（　）高いさけび声をあげる。
ウ（　）ひくくて長い声を出す。

⑦ 128 じさまが歯を食いしばる。
ア（　）こわくてふるえる。
イ（　）いたみなどをがまんする。
ウ（　）食べ物をよくかむ。

ものしりメモ　斎藤《さいとう》 隆介《りゅうすけ》さんが物語を書いて、滝平《たきだいら》 二郎《じろう》さんが絵をかいた本は、教科書でしょうかいされている作品の他にも、「火の鳥」「猫山《ねこやま》」「ひばりの矢」など、たくさんあるよ。

練習のワーク1

モチモチの木

教科書 下121〜136ページ
答え 25ページ
勉強した日 月 日

できるナビ
●豆太《まめた》とじさまの行動や会話に注目して、二人のせいかくや気持ちを読み取ろう。

おわったらシールをはろう

次の二つの文章を読んで、問題に答えましょう。

全く、豆太《まめた》ほどおくびょうなやつはない。もう五つにもなったんだから、夜中に、一人でせっちんぐらいに行けたっていい。

ところが、豆太は、せっちんは表にあるし、表には大きなモチモチの木がつっ立っていて、空いっぱいのかみの毛をバサバサとふるって、両手を「わあっ。」とあげるからって、夜中には、じさまについてってもらわないと、一人じゃしょうべんもできないのだ。

じさまは、ぐっすりねむっている真夜中に、豆太が「じさまぁ。」って、どんなに小さい声で言っても、「しょんべんか。」と、すぐ目をさましてくれる。いっしょにねている一まいしかないふとんを、ぬらされちまうよりいいからなぁ。

それに、とうげのりょうし小屋に、自分とたった二人でくらしている豆太が、かわいそうで、かわいかったからだろう。

〈斎藤《さいとう》 隆介《りゅうすけ》「モチモチの木」による〉

1 「豆太ほどおくびょうなやつはない」といっているのは、なぜですか。

夜中に一人で（　　　　）にも行けずに、（　　　　）についてきてもらうから。

2 「空いっぱいのかみの毛をバサバサとふるって、両手を『わあっ。』とあげる」とありますが、これはモチモチの木のどんな様子を表していますか。一つに○をつけましょう。

ア（　）親しげな様子。
イ（　）いさましい様子。
ウ（　）おそろしげな様子。

3 よく出る 「すぐ目をさましてくれる」とありますが、なぜ、じさまはすぐ目をさますのですか。

豆太に（　　　　）をぬらされるよりはいい、という思いがあったのと、自分と二人ぐらしの豆太のことが、（　　　　）から。

言葉の意味プラス
110ページ5行 つっ立つ…まっすぐ立つ。 6行 ふるう…ふり動かす。
111ページ8行 ゆうき…何事もおそれない気持ち。 13行 とんでもない…全く考えられない。

そのモチモチの木に、今夜は、灯《ひ》がともるばんなんだそうだ。じさまが言った。

「霜月《しもつき》の二十日のうしみつにゃぁ、モチモチの木に灯がともる。起きてて見てみろ。そりゃぁ、きれいだ。おらも、子どものころに見たことがある。死んだおまえのおとうも見たそうだ。山の神様のお祭りなんだ。それは、一人の子どもしか、見ることはできねえ。それも、ゆうきのある子どもだけだ。」

「――それじゃぁ、おらは、とってもだめだ――。」

豆太は、ちっちゃい声で、なきそうに言った。だって、じさまもおとうも見たんなら、自分も見たかったけど、こんな冬の真夜中に、モチモチの木を、それも、たった一人で見に出るなんて、とんでもねえ話だ。ぶるぶるだ。

木のえだえだの細かいところにまで、みんな灯がともって、木が明るくぼうっとかがやいて、まるでそれは、ゆめみてえにきれいなんだそうだが、そして、豆太は、

「昼間だったら、見てえなぁ――。」

と、そっと思ったんだが、ぶるぶる、夜なんて考えただけでも、おしっこをもらしちまいそうだ――。

〈斎藤《さいとう》 隆介《りゅうすけ》「モチモチの木」による〉

4 「モチモチの木に灯がともる」について答えましょう。

(1) じさまは、何のときに「モチモチの木に灯がともる」と言いましたか。

□□□□□□□□

(2) 「モチモチの木に灯がともる」のを見ることができるのは、どんな子どもなのですか。

たった（　　）の（　　）のある子ども。

5 よく出る 「それじゃぁ、おらは、とってもだめだ」とありますが、豆太がこのように言ったのは、なぜですか。一つに○をつけましょう。

ア（　）冬の真夜中に、モチモチの木を一人で見るなんて、こわくてできないから。

イ（　）冬の真夜中に、じさまとではなく、一人でモチモチの木を見ても、つまらないから。

ウ（　）冬の真夜中に外に出るなんて、寒くてがまんができそうにないから。

6 「見てえなぁ」とありますが、豆太は何を見たいのですか。

豆太が見たいのは、「ゆめ」みたいにきれいなものだよ。

モチモチの木に（　　）ところ。

ものしりメモ
「霜月《しもつき》」は11月の古いよび名だよ。月の古いよび名は、1月から順番《じゅんばん》に、睦月《むつき》、如月《きさらぎ》、弥生《やよい》、卯月《うづき》、皐月《さつき》、水無月《みなづき》、文月《ふみづき》《ふづき》、葉月《はづき》、長月《ながつき》、神無月《かんなづき》《かみなづき》、霜月、師走《しわす》、というよ。

練習のワーク②

モチモチの木

教科書 下121～136ページ
答え 25ページ

できるナビ
- 豆太《まめた》の気持ちの変化《へん》をとらえよう。
- 豆太の様子から、じさまへの気持ちを読み取ろう。

勉強した日　月　日

おわったらシールをはろう

次の文章を読んで、問題に答えましょう。

豆太《まめた》は、真夜中に、ひょっと目をさました。頭の上で、くまのうなり声が聞こえたからだ。

「①じさまぁっ。」

むちゅうでじさまにしがみつこうとしたが、じさまはいない。

「ま、豆太、心配すんな。じさまは、じさまは、ちょっとはらがいてえだけだ。」

まくら元で、くまみたいに体を丸めてうなっていたのは、じさまだった。

「②じさまっ。」

こわくて、びっくらして、豆太はじさまにとびついた。けれども、じさまは、ころ

1 豆太が真夜中に目をさましたのは、何が聞こえたと思ったからですか。

（　　　　）

2 「①じさまぁっ。」、「②じさまっ。」と言ったときの豆太の気持ちを一つずつえらんで、○をつけましょう。

①
ア（　）じさま、なんで起きてくれないんだよ。
イ（　）じさま、声が聞こえてこわいよう。
ウ（　）じさま、せっちんへ行きたいよ。

②
ア（　）じさま、水を持ってこようか。
イ（　）じさま、ふとんでねたほうがいいよ。
ウ（　）じさま、どうしてしまったんだ。

3 よく出る 豆太が走りだしたのは、何のためですか。

豆太の言った言葉に着目しよう。

（　　　　）

4 豆太が、あわてて外にとび出した様子が分かる言葉三つに、○をつけましょう。

言葉の意味プラス
26行 なきなき…なきながら。 30行 わけ…理由。
33行 おぶう…せなかにのせる。おんぶする。

りとたたみに転げると、歯を食いしばって、ますますごくうなるだけだ。

「医者様をよばなくっちゃ。」

豆太は、小犬みたいに体を丸めて、表戸を体でふっとばして走りだした。

ねまきのまんま。はだしで。半道《はんみち》もあるふもとの村まで——。

外はすごい星で、月も出ていた。とうげの下りの坂道は、一面の真っ白い霜《しも》で、雪みたいだった。霜が足にかみついた。足からは血が出た。豆太は、なきなき走った。いたくて、寒くて、こわかったからなぁ。

でも、大すきなじさまの死んじまうほうが、もっとこわかったから、なきなきふもとの医者様へ走った。

これも、年よりじさまの医者様は、豆太からわけを聞くと、

「おう、おう——。」

と言って、ねんねこばんてんに薬箱と豆太をおぶうと、真夜中のとうげ道を、えっちら、おっちら、じさまの小屋へ上ってきた。

〈斎藤《さいとう》 隆介《りゅうすけ》「モチモチの木」による〉

ア（　）じさまにとびついた。

イ（　）表戸を体でふっとばして。

ウ（　）ねまきのまんま。

エ（　）はだしで。

オ（　）足からは血が出た。

5 「とうげの下りの坂道」は、どんな様子でしたか。

（　　　　　　　　）

6 「豆太は、なきなき走った。」とありますが、ないていたのは、なぜですか。

（　　　　　　　　）

7 よく出る● 坂道を走っているときの豆太は、どんな気持ちでしたか。一つに○をつけましょう。

なきながらも走りつづけたのは、どうしてかな。


ア（　）外は寒いから、早く家に帰りたい。

イ（　）夜はこわいから、外に出たくない。

ウ（　）なんとかじさまを助けたい。

8 「年よりじさまの医者様」は、どこにいましたか。

□□□の村。

ものしりメモ 「えっちら、おっちら」は、たいへんそうに歩く様子を表す言葉だよ。「すたすた歩く」は急ぎ足で、「のっしのっし歩く」はゆっくり地面をふんで歩く様子が思いうかぶね。

練習のワーク③

モチモチの木

教科書 ㊦121～136ページ　答え 26ページ

できるナビ
●豆太《まめた》が見た「ふしぎなもの」をとらえよう。
●じさまが豆太につたえたかったことをとらえよう。

勉強した日　月　日

おわったらシールをはろう

次の文章を読んで、問題に答えましょう。

とちゅうで、月が出てるのに、雪がふり始めた。この冬はじめての雪だ。豆太《まめた》は、そいつをねんねこの中から見た。

そして、医者様のこしを、足でドンドンけとばした。じさまが、なんだか死んじまいそうな気がしたからな。

豆太は、小屋へ入るとき、もう一つふしぎなものを見た。

「モチモチの木に、灯《ひ》がついている。」

けれど、医者様は、

「あ、ほんとだ。まるで、灯がついたようだ。だども、あれは、とちの木の後ろにちょうど月が出てきて、えだの間に星が光ってるんだ。そこに雪がふってるから、明かりがついたように見えるんだべ。」

と言って、小屋の中へ入ってしまった。だから、豆太は、その後は知らない。医者様のてつだいをして、かまどにまきをくべたり、湯をわかしたりなんだり《（などして）》、いそがしかったからな。

1 「医者様のこしを、足でドンドンけとばした」とありますが、このとき、豆太はどんな気持ちでしたか。一つに○をつけましょう。

ア（　）医者様、もっと急いでおくれよ。
イ（　）医者様のせいで、じさまが死んじまうよ。
ウ（　）医者様、ほら、雪がふってきたよ。

豆太は、じさまが待つ小屋へ早く帰りたいと思っていたんだよ。

2 「もう一つふしぎなものを見た」について答えましょう。

(1) 豆太が見た、❶一つ目の「ふしぎなもの」、❷「もう一つ」の「ふしぎなもの」は、それぞれ何ですか。

❶ 月が出ているのに、ふり始めた（　　）。

❷ 灯がついた（　　）。

(2) 「もう一つ」の「ふしぎなもの」について、医者様は、どんなせつめいをしましたか。

木の後ろに（　　）が出て、えだの間に（　　）が光り、そこに雪がふったため、明かりがついたように見える。

言葉の意味プラス
13行　かまど…なべなどをおき、下に火をつけて物をにたりたいたりする所。
14行　くべる…火の中に入れてもやす。　14行　わかす…水などをあつくする。

でも、次の朝、はらいたがなおって元気になったじさまは、医者様の帰った後で、こう言った。

「おまえは、山の神様の祭りを見たんだ。モチモチの木には、灯がついたんだ。おまえは、一人で、夜道を医者様よびに行けるほど、ゆうきのある子どもだったんだからな。自分で自分を弱虫だなんて思うな。人間、やさしささえあれば、やらなきゃならねえことは、きっとやるもんだ。それを見て、他人がびっくらするわけよ。は、は、は。」

――それでも、豆太は、じさまが元気になると、そのばんから、

「じさまぁ。」

と、しょんべんにじさまを起こしたとさ。

〈斎藤《さいとう》隆介《りゅうすけ》「モチモチの木」による〉

3 よく出る 「人間、やさしささえあれば、やらなきゃならねえことは、きっとやるもんだ。」というじさまの言葉は、だれが、何をしたことを指していますか。一つに○をつけましょう。

ア（　）医者様が、真夜中にとうげ道を上ってきて、じさまの病気をなおしたこと。

イ（　）じさまが、豆太のために、医者様が来るまではらいたをがまんしたこと。

ウ（　）豆太が、じさまのために、真夜中に一人で医者様をよびに行ったこと。

じさまは、豆太のゆうきある行動をほめているんだね。

4 じさまが元気になった後、豆太はどうなりましたか。一つに○をつけましょう。

ア（　）一人でしょんべんに行けるようになった。

イ（　）しょんべんのときは、やはりじさまを起こした。

ウ（　）夜中にしょんべんに起きることはなくなった。

5 よく出る 豆太が灯のともったモチモチの木を見ることができたのは、なぜですか。

豆太は、夜中に一人でせっちんに行けないほどの[　　]だが、じさまを思う[　　　　]があり、真夜中に一人で医者様をよびに行けるほどの[　　　]を出すことができたから。

ものしりメモ 「モチモチの木」は、「起こしたとさ」という言葉で終わっているね。「――とさ」は、昔話のおしまいでよく使われる言い方で、「だそうだ」と、人から聞いたことを表すよ。

まとめのテスト　モチモチの木

教科書 ㊦121〜137ページ
答え 26ページ
時間 20分
とく点 /100点
おわったらシールをはろう
勉強した日 月 日

次の文章を読んで、問題に答えましょう。

豆太《まめた》は、真夜中に、ひょっと目をさました。頭の上で、くまのうなり声が聞こえたからだ。

「じさまぁっ。」

むちゅうでじさまにしがみつこうとしたが、じさまはいない。

「ま、豆太、心配すんな。じさまは、じさまは、ちょっとはらがいてえだけだ。」

まくら元で、くまみたいに体を丸めてうなっていたのは、じさまだった。

「じさまっ。」

こわくて、びっくらして、豆太はじさまにとびついた。けれども、じさまは、ころりとたたみに転げると、歯を食いしばって、ますます すごくうなるだけだ。

「医者様をよばなくっちゃ。」

豆太は、小犬みたいに体を丸めて、表戸を体でふっとばして走りだした。

2 「ま、豆太、心配すんな。じさまは、じさまは、ちょっとはらがいてえだけだ。」とありますが、このとき、じさまはどんな気持ちでしたか。一つに○をつけましょう。〔10点〕

ア（　）豆太はおくびょうだから、何を言ってもむだだろう。

イ（　）とても苦しいが、小さな豆太に心配をかけるわけにはいかない。

ウ（　）いたくてたまらないから、豆太に話しかけてほしくない。

3 よく出る 「こわくて、びっくらして」とありますが、豆太は、だれがどうしている様子を見て、「こわくて、びっくら」したのですか。一つ10〔20点〕

（　　　）が、（　　　）様子。

4 「豆太は、小犬みたいに体を丸めて、表戸を体でふっとばして走りだした。」とありますが、このとき、豆太はどう思っていましたか。〔15点〕

言葉の意味プラス
4行 むちゅう…あることに一生けんめいになる様子。
15行 表戸…家の表がわにある戸。

ねまきのまんま。はだしで。半道《はんみち》もあるふもとの村まで――。

外はすごい星で、月も出ていた。とうげの下りの坂道は、一面の真っ白い霜《しも》で、雪みたいだった。霜が足にかみついた。足からは血が出た。豆太は、なきなき走った。

いたくて、寒くて、こわかったからなぁ。

でも、大すきなじさまの死んじまうほうが、もっとこわかったから、なきなきふもとの医者様へ走った。

〈斎藤《さいとう》 隆介《りゅうすけ》「モチモチの木」による〉

1 「くまのうなり声」とありますが、本当はだれの声でしたか。〔10点〕

（　　　　）の声。

5 書いてみよう! よく出る 「ねまきのまんま。はだしで。」から、豆太のどんな様子が分かりますか。一つに○をつけましょう。〔15点〕

ア（　）じさまのたいどにおどろき、こわがっている様子。

イ（　）じさまのことが心配で、とてもあわてている様子。

ウ（　）まだ目がさめなくて、ねぼけたままでいる様子。

6 「霜が足にかみついた。」とありますが、どんなことを表していますか。一つに○をつけましょう。〔15点〕

ア（　）真っ白い霜がこびりついて、豆太の足が白くなっていること。

イ（　）霜がつるつるして、豆太が足をすべらせて転んでいること。

ウ（　）つめたくてかたい霜が、豆太のはだしの足につきささってきたこと。

7 チャレンジ! 「いたくて、寒くて、こわかった」とありますが、それでも豆太がふもとまで走ったのは、なぜですか。〔15点〕

（　　　　）ほうが、もっとこわかったから。

ものしりメモ 「モチモチの木」はとちの木のことで、その実で作ったもちを「とちもち」というよ。ほろ苦いそぼくな味のおもちで、豆太には「ほっぺたが落っこちるほどうまい」ものだよ。

まとめのテスト

メロディ――大すきな　わたしのピアノ

教科書 下 144〜147ページ　答え 26ページ

時間 20分

とく点　/100点

おわったらシールをはろう

勉強した日　月　日

次の文章を読んで、問題に答えましょう。

　うれしいことがあったとき、悲しいことがあったとき、女の子は、いつも＊メロディをひきました。メロディは幸《しあわ》せでした。メロディは、女の子の心に合わせて、いつもすてきな音をひびかせていました。

　でも、女の子が中学生になり、高《こう》校生になると、メロディとすごす時間が、だんだんと少なくなっていきました。

　やがて、女の子が遠くの大学へ行くと、メロディが音を出すこともなくなりました。

　それでも、メロディは、遠くでくらす女の子のことを考えたり、楽しかった日のことを思い出したりしながら、毎日をしずかにすごしました。

　そうして、何年も何年もたちました。

　メロディは、こわされるどころか、何日もかけて、元のように生まれかわったのでした。

〈くすのき　しげのり「メロディ――大すきな　わたしのピアノ」による〉

＊メロディ＝女の子がつけたピアノの名前。

1　「メロディは幸《しあわ》せでした。」とありますが、なぜですか。　一つ10〔20点〕

（　　　　）ときも、悲しいことがあったときも、女の子が（　　　　）メロディをひいてくれたから。

2　よく出る　「メロディが音を出すこともなくなりました」とありますが、なぜですか。一つに○をつけましょう。〔15点〕

ア（　）女の子が、メロディをひかなくなったから。

イ（　）メロディが、しずかにすごしたくなったから。

ウ（　）メロディが、ひどく古びてしまったから。

言葉の意味プラス

23行　むねがはりさける…悲しさやくやしさで、むねがいっぱいになる。

29行　のぞかせる…ちょっとだけ見せる。　37行　黄ばむ…黄色っぽくなる。

ある日のことです。

作業服を着た男の人たちが、メロディを、部屋《へや》の外へ運び出しました。

「この部屋は、こんなに広かったんだな。」

「ここには、ピアノの代《か》わりに何をおこうかしら。」

お父《とう》さんとお母さんの話を聞いて、メロディはむねがはりさけそうでした。「もう、わたしの帰ってくる場所がないなんて。わたしはどうなるのかしら。きっと、すてられてしまうにちがいないわ。だって、こんなに古びてしまったんですもの。」

メロディは、小さな工場へ運ばれました。そこには、中をのぞかせた、一台の古いピアノがありました。「わたしも、こうしてこわされて、すてられてしまうのだわ。ああ、それならさいごにもう一度、あの指でひいてほしかった。」

「どれ、始めるとするか。」

そうして、けんばんのふたが開けられたとき、メロディは、自分からしずかなねむりにつきました。

――ところがどうでしょう。

メロディがねむりについている間に、黄ばんでいたけんばんは真《ま》っ白になり、くすんでいた体は、かがみのようにぴかぴかになりました。いたんでいた部品は取《と》りかえられ、正しい音が出るように調整されました。

3 よく出る 「メロディはむねがはりさけそうでした」とありますが、なぜですか。一つに○をつけましょう。〔15点〕

ア（　）部屋の外に出るのははじめてでこわかったから。

イ（　）もうこの部屋には帰れないと思ったから。

ウ（　）古びた自分のすがたがはずかしかったから。

4 部屋の外に出されたメロディは、どこに運ばれましたか。〔10点〕

（　　　　）

5 「あの指」とは、だれの指のことですか。〔10点〕

（　　　　）の指。

6 チャレンジ! 「メロディは、自分からしずかなねむりにつきました」とありますが、なぜですか。一つに○をつけましょう。〔15点〕

ア（　）自分がすてられてしまうことに、おこったから。

イ（　）自分がこわされてしまうのが、悲しかったから。

ウ（　）自分が生まれかわるのが、楽しみだったから。

7 メロディはねむりについている間に、どうなりましたか。〔15点〕

こわされるどころか、何日もかけて、

（　　　　）。

ものしりメモ ピアノは1709年ごろにイタリアで生まれたよ。小さな音（ピアノ）も大きな音（フォルテ）も出せるところから、正式には「ピアノフォルテ」と言うんだ。

ふろく　学習《しゅう》を広げよう

まとめのテスト

知ると楽しい「故《こ》事成《せい》語」

教科書 下 152〜153ページ　答え 27ページ

時間 15分

とく点　　/100点

おわったらシールをはろう

勉強した日　月　日

1 次の話を由来とする故《こ》事成《せい》語を、[　]のア〜ウからえらんで（　）に、意味をあ〜うからえらんで（　）に、記号で答えましょう。 一つ10〔40点〕

① 昔、中国《ちゅうごく》の杞《き》という国に、とても心配《ぱい》性《しょう》の人がいた。その人は、いつも天地がくずれ落ちてくるのではないかと心配し、夜もねむれず食べることもできないほどだった。

（　）・（　）

② 中国の漢《かん》という国の将軍韓信《しょうぐんかんしん》は、たたかいのとき、川を後ろにしたにげ場のない所に軍をおくことで、兵士《へいし》たちがひっしにたたかうようにして、てきをやぶった。

（　）・（　）

ア 助長
イ 背水《はいすい》の陣《じん》
ウ 杞憂《ゆう》

あ ひつようのない心配をすること。
い 手助けが、かえって悪いけっかになること。
う ぜったいしっぱいしないかくごで取《と》り組むこと。

2 次の故事成語の意味として正しいほうに、○をつけましょう。 一つ15〔30点〕

① 蛍雪《けいせつ》の功《こう》

ア（　）しぜんを大切にすること。
イ（　）苦労《くろう》して勉強をすること。

② 漁夫《ぎょふ》の利《り》

ア（　）二人があらそっている間に、関係《かん》のないべつの人がりえきを横取りすること。
イ（　）はげしいあらそいがあっても、さいごにはかならず正直《じき》者がとくをすること。

チャレンジ！

3 ——の故事成語の使い方が正しいほうに、○をつけましょう。 一つ15〔30点〕

①
ア（　）五分のちこくも十分のちこくも、五十歩百歩だ。
イ（　）山の上まで、あと五十歩百歩というところだ。

②
ア（　）野球がとくいな中村さんが、クラスでいちばん足が速いなんて矛盾《むじゅん》している。
イ（　）「他人の悪口はいけない。」と注意しておいて、自分は他人の悪口を言うのは矛盾している。

てびき

④ 1 「あけぼの」とは、夜がほのぼのと明けるころのことをいいます。また、だんだんと空が白くなり明るくなっていく情景からも、明け方の時間帯をえがいていることがわかります。

2 「だんだんと白くなっていく空」「紫《むらさき》がかった雲」などから、空の様子を中心にえがいていることがわかります。

3 「春はあけぼの。」は、現代語に直した文章では「春はあけぼのがいい。」と訳《やく》されています。「心ひかれる」「おもむき深い」などでも正答とします。

5 (1) 現代語に直した文章に「空の、山に近い辺り」とあるので、アが正解です。

(2) 「あけぼの（明け方）」の情景なので、のぼってくる太陽の光で、空がだんだん明るくなっているのです。

7 清少納言《せいしょうなごん》は、千年ほど前の時代の人物です。中宮《ちゅうぐう》（天皇《のう》のきさき）に仕え、宮中での体験をもとに『枕草子《まくらのそうし》』を書きました。

言葉の広場① 主語と述語の対応をかくにんしよう
漢字の広場① 三字以上の熟語の構成 ほか

12・13ページ 基本のワーク

① ❶しょうらい ❷じゅくご ❸しょもんだい ❹ききんぞく ❺でんしゃちん ❻ちゅうかんそう ❼じこ ❽いっしんいったい ❾ゆうびん ❿いさん ⑪しょり ⑫じょうき

② ❶並 ❷演奏会 ❸対策 ❹大規模

③ ❶任 ❷応対 ❸通過 ❹制服 ❺移動 ❻迷

④ ア

⑤ 書くことです〈または 書くことだ〉

⑥ ❶ア ❷ウ ❸ウ ❹イ ❺エ ❻ア

⑦ ❶図工 ❷入試 ❸国連

てびき

④ 主語の「夢は」に正しく対応させるには、述語を「なることです」などにしなければなりません。「夢は……なることです」と、実際につなげて読んで確かめましょう。

⑤ 主語の「日課は」に正しく対応させるには、述語を「書くことです」などにしなければなりません。

⑥ ❶「市」＋「町」＋「村」→「市町村」、❻「春」＋「夏」＋「秋」＋「冬」→「春夏秋冬」と、一字の語が並んで熟語を構成しています。❷「卒業」＋「式」→「卒業式」、❸「人間」＋「性」→「人間性」と、二字と一字の語が結びついてできた熟語です。❹「大」＋「作家」→「大作家」は、一字と二字の語が結びついてできた熟語です。❺「森林」＋「公園」→「森林公園」は、二字と二字の語が結びついてできた熟語です。

あの坂をのぼれば

14・15ページ まとめのテスト

1 もう、やめよう

2 例 これから帰る道のりの長さを思うと、つらかったから。

3 つばさ・真っ白

4 例 海が近い（のにちがいないという）こと。

5 (1) 雪のようなひとひらの羽毛 (2) イ

6 ウ

7 ア

てびき

2 直前に「これから帰る道のりの長さを思って」とあります。少年は目的の海を見ることもできず、歩いてきた長い道のりを帰っていくことを思って「重いため息をついた」のです。

3 少年は「つばさの長い、真っ白い大きな鳥が一羽、ゆっくりと羽ばたいて」飛ぶのを見て「あれは、海鳥だ！」と思っています。

4 あとに続く文に「海鳥がいる。海が近いのにちがいない。」とあります。少年は海が近いことを確信したのです。

5 (1) 同じ文中に「あの鳥の」とあることから、「おくり物」は海鳥に関係するものだということがわかります。直前の文を見てみると、「雪のようなひとひらの羽毛《う》」を受け止めたとあるので、これが「おくり物」だとわかります。

(2) 直後にある文に着目しましょう。「ただ一ぺんの羽根だけれど、それはたちまち少年の心に、白い大きなつばさとなって羽ばたいた。」とあります。ここから、おくり物である海鳥の羽根が、少年にとっての希望となっていることを読み取ります。

6 直後の「少年はもう一度……行き着いてみせる。」に注目しましょう。ここから、少年が再び海を目ざして歩こうとしていることや、どんなに大変でも海に行き着いてみせようとする気持ちが読み取れます。

7 「しっかりと」という表現から、少年が強い意志をもっていることが伝わります。また、てのひらに「くるんで」とあるので、羽根をぐっとにぎっているのではないことがわかります。「くるんで」から、落ち着いた少年の様子が読み取れます。

アイスは暑いほどおいしい？
——グラフの読み取り

16・17ページ 基本のワーク

1 ①たてほうこう

2 ①縦

3 ①支出額 ②平均 ③対応 ④保

4 ①イ ②ア ③ウ ④イ

5 1 ①例 一家族（世帯）がアイスやシャーベットに平均して支出するお金。〈または アイス・シャーベットの家計支出額の平均。〉
②東京の最高気温の平均。

2 右の目もり…度
左の目もり…円

3 ウ

4 ア

てびき

5 3 棒グラフ（アイス・シャーベットの家計支出額の平均）では、さいしょうちは2月の約500円です。また、全体のけいこうとしては、7月から9月にかけて急げきにすうちが変化していることがわかります。

4 折れ線グラフ（東京の最高気温の平均）の全体のけいこうとしては、棒グラフと同様に、8月で急げきにすうちがのびていることがわかります。また、8月から9月にかけては、すうちは大はばに減っています。

雪は新しいエネルギー
——未来へつなぐエネルギー社会

18・19ページ 基本のワーク

1 ①いじょう ②きき ③そんざい ④とう ⑤ちいき ⑥よ ⑦しゅのう ⑧にわり ⑨かくだい ⑩せんげん ⑪きょうど ⑫てんのうへいか ⑬こうごう ⑭とうしゅ ⑮さんけん

2 ①捨 ②補助 ③単純 ④孝行

3 ①ア ②ウ ③ウ ④イ ⑤ア

内容をつかもう！

①地球温暖化 ②エネルギー・雪国の暮らし
③効率

てびき 内容をつかもう！

①世界の状況《きょう》については、教科書上38ページに書かれている内容を読み取ります。文章の最初のだんらくに「今、世界各地で、地球温暖化による異常気象や環《かん》境問題が起こっています。」と述べられています。

②教科書上39ページでエネルギーとは何かを述べたあとに「雪は、……再生可能エネルギーなのです。」と書かれています。雪は温度を下げるエネルギーをもつため、「冷熱エネルギー」と考えられています。また、教科書上40ページに、「雪の冷熱エネルギー利用ができるようになると、雪国の暮らしを変える可能性があります。」とあります。

③雪の冷熱エネルギーの今後の課題については、教科書上46ページに書かれている内容を読み取ります。「まず」「さらに」「また」という言葉に注意しながら読むと、雪の冷熱エネルギーの今後の課題は三つあることがわかります。

20・21ページ 練習のワーク①

1 (1) （順序なし）異常気象・環境問題
(2) 化石燃料・二酸化炭素・温室効果ガス
(3) イ

2 (一) 何かにはたらきかけそれを変化させる

3 カ（」）。
(1) 再生可能エネルギー
(2) 化石燃料に代わる新しいエネルギー（として注目されている）。
(3) ウ
4 下げる・冷熱
5 ウ

てびき

1 (1) 最初のだんらくに「地球温暖化による……が起こっています」とあります。
(2) 「私たちが石油や石炭……温室効果ガスを排《はい》出していることが、地球温暖化の大きな原因といわれています。」の部分から読み取りましょう。
(3) 筆者は、最初のだんらくで、地球温暖化の原因が化石燃料を大量に使うことで排出される温室効果ガスであることを説明しています。このことを受けて、第二だんらくで、「私たちは……どのようにつくりだしていけばよいのでしょうか。」と言っているので、地球温暖化の問題に対して、「化石燃料にたよらない社会」をつくることが解決策になると考えているとわかります。
2 第三だんらくに、「エネルギーとは……」と述べられています。
3 (1) 「これら」は直前にある「太陽光、風力、水力、地熱など」をさします。さらに前の文を読むと、これらは「再生可能エネルギー」と呼ばれていることがわかります。
(2) 第三だんらくに、「化石燃料に代わる新しいエネルギーとして注目されているのが、再生可能エネルギーです。」とあります。
(3) 再生可能エネルギーの「代表的なものに、太陽光、風力、水力、地熱などがあります」とあるので、これらが再生可能エネルギーにあたります。(2)で見たように、これらは「化石燃料」に代わるものとして注目されています。
4 直後で、「つまり……できるのです。」と言いかえられています。
5 この文章では、最初のだんらくで、地球温暖化が、化石燃料の使用で排出される二酸化炭素（温室効果ガス）が原因で起こるということが述べられ、第二・三だんらくで、再生可能エネルギーの使用によって、二酸化炭素の排出を減らし、「化石燃料にたよらない社会」をつくりだすという解決策が述べられています。アは、「地球温暖化」について述べられていないことや、「世界中がそのような社会になるべきだ」が、イは、「再生可能エネルギーだけを使う」が、文章からは読み取れない内容なので、まちがいです。

22・23ページ 練習のワーク②

1 ア
2 夏・冷蔵庫
3 (1) ア
(2) 例 一年中、電気を使わなくても低い室温を保ち、高い湿度で安定すること。

(3) ながいも…鮮度を保った状態で保存
じゃがいも…あまく
(4) ア○ イ○ ウ×

てびき

1 直前の「雪が積もることで……引き起こしたりと」の部分から読み取りましょう。
2 直前のだんらくの「昔から冬の氷や雪を……冷蔵庫のような施《し》設」の部分から、解答らんに合うように書きぬきましょう。
3 (1) 「この『氷室《ひむろ》』の機能を現代にも利用する実験を行いました。」とあります。
(2) 貯蔵庫の中について、「一年中、電気を使わなくても低い室温を保ち、高い湿《しつ》度で安定」していたと述べられています。
(3) 「氷室」の機能を利用した貯蔵庫では、ながいもは「かなりの長い期間、鮮《せん》度を保った状態で保存でき」、じゃがいもは「でんぷん質が糖に変化し、あまく」なったのです。
(4) 貯蔵庫について、「断熱材でおおって、そこに雪と一緒《しょ》に野菜を入れた」とあります。雪を断熱材として入れたわけではないので、ウはまちがいです。

24・25ページ まとめのテスト

1 大量の雪の保存
2 (1) 例 冷房費用と二酸化炭素排出量（の削減につながる。）
(2) どのように保存するか

3 (1) 四メートル・(順序なし) バーク・もみ殻
(2) 例二・五メートルの高さの雪山が残った。
4 ア
5 雪国・エネルギーとして(利用するとき)の効率が低い・費用がかかる
6 ア

てびき

1 直後に「大量の雪の保存です。」とあります。この「課題」の解決方法を、直後のだんらくから説明しています。

2 (1) 大量の雪を「夏に冷熱エネルギーとして利用することができれば、冷房《ぼう》費用が削《さく》減されるだけでなく二酸化炭素排《はい》出量の削減にもつながります」と述べられています。

(2) 「課題」という言葉をさがし、その内容をかくにんしましょう。二つあとのだんらく中に「雪をどのように保存するかという課題」とあります。雪はとけてしまうので、冬に降った雪をとかさずに保存するにはどうしたらよいか、ということです。

3 (1)・(2) ――③のあとに書かれている内容は次のとおりです。

【実験の内容と結果】
・四月…高さ四メートルの雪山を造る。
(雪山の表面はバークともみ殻《がら》の層でおおう)
↓
・約半年後…高さ二・五メートルの雪山が残った。

実験では、四メートルの雪山を二・五メートル分残すことができたのです。(2)は、雪山の高さについて書けていればよいので、「四メートルの高さのうち、半分以上の高さが残った。」などでも正答とします。

4 雪国で真夏に雪を利用することを「夏にも雪と暮らす」と述べています。

5 「雪の冷熱エネルギーの今後の課題」が、「まず」(25行)、「さらに」(27行)、「また」(31行)のそれぞれのあとに述べられています。

6 筆者の主張は最後の文の「雪を冷熱エネルギーとしてとらえ……第一歩として重要です。」にまとめられています。アは雪についての筆者の考えに合っています。イは「エネルギーとしての雪の保存方法」はすでに見つかっているので×です。ウは「雪よりも、他の再生可能エネルギーをもっと活用すべき」とは書かれていません。

パネルディスカッション――地域の防災 みんなで作ろうパンフレット ほか

26・27ページ 基本のワーク

❶ ❶ろんだい ❷とうぎ ❸なん ❹かんけつ ❺はいく ❻あまだ ❼ごげん
❷ ❶討論 ❷難 ❸俳句 ❹語源
❸ 論題・パネリスト・フロア
❹ 1 イ 2 日の当たらない場所。 3 ア

てびき

❸ 立場を代表する「パネリスト」が意見を発表し合い、その後、「フロア」も参加して討論する方法を、「パネルディスカッション」といいます。

❹ パンフレットは数ページで構成されます。知らせる目的や読む人のことを考えて内容を決めます。ここでは災害時に家で必要な水をどのように準備したらいいのかをまとめています。わかりやすくするために絵を入れ、見出しをつけています。本などの内容をのせるときは、参考にした本の書名も入れるとよいでしょう。

漢字の広場② 複数の意味をもつ漢字 五年生で学んだ漢字②

28・29ページ 基本のワーク

❶ ❶すがた ❷しんようじゅ ❸あず ❹けいさつしょ ❺きんむ ❻われわれ ❼そうさ ❽さいだん ❾りんじ
❷ ❶針仕事 ❷預 ❸警察署 ❹勤務 ❺操作 ❻裁断
❸ ❶提出 ❷技術 ❸複雑 ❹混 ❺検査 ❻貿易
❹ 象
❺ 挙…❶手 ❷選 ❸式
望…❶遠 ❷希 ❸人
❻ 現…❶ア ❷イ
布…❶イ ❷ア

針…❶イ　❷ウ　❸ウ　❹ア
解…❶ウ　❷イ　❸ア　❹エ

てびき

❹「象」は一つの漢字で複数の意味をもちます。
❻それぞれの熟語全体の意味を考えて、一字一字の漢字の意味をとらえます。
布…❶「配布」は、配ってゆきわたらせること。❷「毛布」は、毛でできた布のこと。

針…❶「針葉樹」は、葉が針のような形をした木のこと。❷「方針」は、目ざす方向のこと。❸「針路」は、進む方向のこと。❹「運針」は、針の運び方・ぬい方のこと。

解…❶「分解」は、分けてばらばらにすること。❷「理解」は、わかること。❸「解放」は、束縛《ばく》や制限をといて、自由にすること。❹「解消」は、なくなること。または、やめて元の状態にもどすことという意味です。

パネルディスカッション――地域の防災　みんなで作ろうパンフレット　ほか

30・31ページ　まとめのテスト

1
1 災害から身を守るためには何が必要か（ということ）。
2 ア・ウ
3 代表・立場・意見
4 準備・写真
5 ウ

2 さみだれ

3 ❶時代　❷変化　❸相手　❹場面　❺失礼
（❸・❹は順序なし）

てびき

1
1 論題は、「何が必要か」など、問いかけの形にすると、論点がわかりやすくなります。
2 パネルディスカッションの司会は、まず話し合いの論題を提示し、「最初に」「次に」など順序を表す言葉を使って、パネルディスカッションの流れを説明しています。また、〈第一回発言〉の終わりに「それぞれのパネリストの意見を整理すると、……。」とまとめています。
3 北原さんや夏川さんの発表の仕方をかくにんしましょう。パネリストには、各グループの代表としての立場があり、グループの意見を発表する役割があります。
4 夏川さんの立場は「家族と、災害に対する準備をする」というものです。そのために、自分の家の非常持ち出しぶくろの中身の写真を、資料として提示しています。
5 パネルディスカッションでは、たがいの意見を比較《かく》したり関係づけたりしながら聞き合い、自分の考えを深めましょう。

川とノリオ　読書の広場①　地域の施設《し》を活用しよう

32・33ページ　基本のワーク

❶ ❶わか　❷あら　❸うつ　❹かたいっぽう　❺ま　❻すな　❼あなぐら　❽さが　❾ばん　❿ほ　⓫こくう　⓬し　⓭おん　⓮した　⓯い　⓰ざ　⓱よく　⓲とど　⓳たず

❷ ❶映　❷恩　❸欲

❸ ❶イ　❷イ　❸ウ　❹イ　❺ア　❻ウ　❼ウ

内容をつかもう！
①川　③穴倉　④母ちゃん　⑤じいちゃん　⑦ヒロシマ

34・35ページ　練習のワーク①

1 山の中で聞くせせらぎ（の音）。
2 ひびかせてきたのだろう
3 （赤んぼのノリオの）よごれ物を（川で）洗っている。
4 ⑴イ　⑵土くさい、春のにおい
5 ㋐ウ　㋑ア
6 イ
7 ア×　イ○　ウ○

てびき

1 ――①の少しあとに「山の中で聞くせせらぎのような……川の声」とあります。「ような」という言葉を使って、たとえています。

3 「赤んぼのノリオのよごれ物を洗う、あったかい母ちゃんの背中」から読み取ります。

4 (1) 前にある「あったかい母ちゃんの背中」という表現に注目しましょう。ノリオは、安心できる場所にいます。さらに前には「ほっぺたの上のなみだのあと」とあるので、ノリオが少し前まで泣いていたが、今は泣きやんでいることがわかります。母ちゃんにおんぶされているうちに気持ちが安らいできたのだと考えられます。

5 あは、「すすきのほ」が「旗をふった」と、まるで人間の動作のように表現しています。このように、人でないものを、人にたとえる表現を、「擬《ぎ》人法」といいます。いは、文の終わりが「……する。」「……だ。」などではなく、「……におい。」で終わっています。あとに何か言葉が続くような感じが残り、印象的な表現になります。このような表現を「体言止め」といいます。「体言」とは、物の名前や事柄《がら》を表す言葉のことです。

6 「川とノリオ」は、戦時中のことがえがかれた物語です。「三角旗《ばた》」や「のぼり」に送られて、貨物列車に乗って行ってしまったという説明から、父ちゃんが戦争に行ったことがわかります。戦争に行くのですから、無事に帰ってこられるかはわかりません。ノリオとの別れをおしんで「いっときもおしい」というように、ノリオの足をさすっていたのです。

7 父ちゃんが戦争に行った直後の場面です。父ちゃんの無事を願う気持ちや、父ちゃんが帰るまで大切なノリオを守らなくてはならないという気持ちから、母ちゃんは「きつくきつく」ノリオをだいていたのだと考えられます。

36・37ページ 練習のワーク2

1 防空ごう

2 息苦しさ・出たいと、ぐずって泣いた
〈または暴れて出たいと泣きたてた〉

3 父ちゃんのたばこのけむり・さざ波のあと

4 ア

5 母ちゃん・(今日は、)来なかった

6 (順序なし)
・なにもかも、よくしてくれる手。
・ぴしゃり、とおしりをぶつ、あったかい手。

7 ウ

てびき

2 「防空ごうの暗闇《やみ》で、ノリオは出たいと、ぐずって泣いた」「ノリオは穴倉の息苦しさに、暴れて出たいと泣きたてた」に注目します。

3 空の様子をえがいた部分に、たとえを表す「……ような」「……ように」があります。

4 顔が引きしまるのは、緊《きん》張の表れです。敵《てき》の飛行機である「B《ビー》29」がやってきたことに、母ちゃんは緊張しているのです。

5 いつもなら、ノリオが川に流してしまった物は、母ちゃんが取りもどしてくれるのですが、この日はちがっていたのです。

6 「なにもかも……あの手。……あったかいあの手」(41～42行)からまとめます。ノリオが、母ちゃんの手に、安心感や温かさを感じていたことが伝わってきます。

7 夜になっても、母ちゃんが家にもどっていなかったことや、近所の人が「せわしく出入りする」様子や、「おそろしそうな、人々のささやきの声」から、いつもとはちがった大変な事態、悪いできごとが起こったことがわかります。

38・39ページ 練習のワーク3

1 母ちゃん　2 ウ

3 (じいちゃんの)なみだ

4 例もどってこない〈または死んでしまった〉・例育てられることになった〈またはめんどうをみてもらうことになった〉

5 雑炊をたくこと・だいて

6 節くれだった・ぶるぶるふるえて・ぼしゃぼしゃと白く

7 イ

8 例父ちゃんが、戦争で死んでしまったということ。

9 例(ノリオの)母親ばかりか、父親も戦争で命がうばわれるなんて、あまりにもひどい。〈または母ちゃんも父ちゃんもいなくなるなんて、ノリオがあまりにもかわいそうだ。〉

10 ア

てびき

1 「ぼんぢょうちん」は、なくなった人をくようするためのものです。「新しいぼんぢょうちん」は、近ごろなくなった人のためのものです。「母ちゃんのもどってこないノリオの家。」とあることから、このちょうちんが母ちゃんのためのものであるとわかります。

2 母ちゃんが死んでノリオが残ったという場面から、じいちゃんの気持ちを考えましょう。

4 母ちゃんがなくなってしまい、父ちゃんも戦争に行っているので、じいちゃんがノリオを育てることになったのです。

7 「銀色の旗」は、すすきのほを表しています。「旗をふる」は、風でほがゆれる様子をたとえた「擬《ぎ》人法」です。

8 父ちゃん本人が生きて帰ってきたのではなく、父ちゃんの骨《ほね》の入った「小さな箱」が戦地から帰ってきたのです。

9 ノリオは母親と父親を失いました。この小さな孫を思うじいちゃんの気持ちを考えましょう。

10 人間の世界には戦争があり、大きな悲しみや変化があるのに、川はいつでも同じように流れているという対比をとらえましょう。

40・41ページ まとめのテスト

1 (1)（まぶしい）川のまん中・（一日中、）待って（い）た・母ちゃんが、もどってこなかった（夏の）

(2) ヒロシマで焼け死んだ（ということ）

2 ウ

3 じいちゃんの工場のやぎっ子の干し草かり。

4 例死んでしまった母ちゃんを、こいしく思う気持ち。〈または 母ちゃんがいなくてさびしい気持ち。〉

5 （順序なし）
・母ちゃん帰れ（。）
・母ちゃん帰れよう（。）

6 イ

てびき

2 直前に「じいちゃんも、ノリオもだまっている。」とあることに注目しましょう。二人は戦争に対するいかりや悲しみにたえて、だまっていることしかできません。そのつらい現実やせつなさを、作者はうったえています。

3 直後に「じいちゃんの……干し草かりが、ノリオの仕事だ。」とあります。

4 やぎっ子はノリオに向かって鳴いたのですが、その声をノリオは「母ちゃんやぎを呼ぶような」声だと感じたのです。それは、ノリオの心の中に母ちゃんをこいしく思う気持ちがあるからこう感じたのです。

5 「ノリオは、かまをまた使いだす。」の直後に「母ちゃん帰れ」「母ちゃん帰れよう」とあります。たくましく成長しながらも、母ちゃんをこいしく思うノリオの気持ちが表れています。

6 川は、母ちゃんが死んだ日も、それから何年後かの今も、「いっときも休まず流れ続け」ています。人間の暮らしがどう変わろうと、川は変わらずに流れ続けているのです。

聞かせて！「とっておき」の話　詩を読もう　イナゴ　ほか

42・43ページ 基本のワーク

❶ ❶さんぱん〈または さんはん〉 ❷いた

❷ ❶三班 ❷痛

❸ ❶話し手 ❷受け答え ❸くわしく ❹考え・経験・感想（「考え」「経験」は順序なし）

❹ 1 イナゴ・もえている夕やけ
2 ウ
3 ②ぼく ③イナゴ
4 イ

❺ ❶地 ❷たすき ❸わが

てびき

❹ 1 第一連から読み取ります。

2 あとに「いつでもにげられるしせいで」とあることに注目します。イナゴは、人間に見つかってしまい、「ぼく」をじっと見ながら、にげだすすきをうかがっているのです。この時の気持ちを考えます。

3 詩に登場するのは、「イナゴ」と「ぼく」です。人間と小さなこん虫を比べると、人間のほうがはるかに「強い生きもの」といえます。

4 「ぼく」が見た、人間からのがれて、なんとか生きようとする小さなイナゴの姿と、それらを包みこむ「夕やけ」「イネのにおい」といった自然がえがかれています。

5 ことわざの意味を考えて書きましょう。

❶ ものごとが起きたあとは、かえって関係が強くなることのたとえです。

❷ 着物の帯にするには短すぎ、着物のそでを結ぶたすきにするには長すぎるという意味から、ちゅうとはんぱで役に立たないことのたとえです。

❸ 人の行動を見て、自分の行動を反省しなさいという意味です。

あなたは作家
言葉の広場③ なぜ、わかり合えなかったのかな？

44・45ページ 基本のワーク

1 ❶ふくそう ❷してん ❸うちゅうせん ❹ごかい

2 ❶服装 ❷視点 ❸宇宙船 ❹誤解

3 てんかい・やま場・たとえ・様子・書き出し

4 1 ①ウ ②ア
2 あ例ほめた い例けなされた

5 1 例（花火が何発も連続で上がる様子は）すごいとは思わないという意味。
2 ア

てびき

3 中心人物の心情・行動などが大きく変化するところが「やま場」になります。この「やま場」を中心に、物語のてんかいを考えましょう。

4 1 ①の「いいよ」は、あとに「なわとびをしたい」とあるので、「ゲーム」をすることを断っています。②の「いいよ」は、前に「わかった」とあるので、「そうしたい」という意味で使われています。

2 「やばい」は元々「危ない」などの意味でしたが、最近はよい意味で使う人もいます。川田さんはお兄さんのなわとびをほめたかったのですが、お兄さんはけなされたと感じたのです。

5 1 田中さんは花火が2万発上がることを伝えたのに、小倉さんが「すごくない」（＝すごいとは思わない）と言ってきたと思ったので、返事をしなくなってしまったと考えられます。

2 絵文字や顔文字は、文字だけでは伝えきれない思いを伝えるのに使われます。イのように「言葉よりも確実に伝えられる」、ウのように「最も伝えたいと思っていることがわかる」とはいえません。

漢字の広場③ 熟語の使い分け 五年生で学んだ漢字③

46・47ページ 基本のワーク

1 ❶かいしゅう ❷さっすう〈またはさつすう〉 ❸すいそく ❹しゅだん

2 ❶回収 ❷冊数 ❸推測 ❹手段

3 ❶招待状 ❷消毒 ❸編集 ❹貧 ❺増税 ❻本堂

4 ❶オ ❷ウ ❸ア

5 ❶ア ❷イ ❸イ ❹ア

6 （右から順に）❶限定・制限 ❷経験・体験 ❸設置・配置

7 ❶イ ❷ウ ❸イ ❹ア

てびき

4 ❶「今日も無事に終わる。」などでは、「無事」は「ふだんと変化がないこと」という意味になります。❷「病気にならないように用心する。」などでは、「用心」は「気をつけること」という意味になります。❸「言葉を大事にする。」などでは、「大事」は「大切にあつかうこと」という意味になります。

5 ❶「案外」は思いがけないこと。イは「意外」が合います。❷「安全」は危険がなく安心であること。アは「無事」が合います。❸「願望」は願いや望み。アは「希望」が合います。❹「好調」は物事がうまくいくこと。イは「順調」が合います。

❼ ❶「予想」は、まだ起きていないことについて、前もって見当をつけることなので、「原因（それが起こったもとになった要因）」を考えるときには、合いません。「推測」は、知りえた事柄《がら》やすうちなどを根拠《きょ》にして、どうなるか見通しを立てることです。

あなたは作家

48・49ページ まとめのテスト

1
1 例白衣〈または白い服〉
2 じゅう医〈または（動物の）お医者さん〉
3 例（犬に）注射をしている（ところ）。〈または治りょうをしているところ。〉

2
1 ウ・エ
2 例こまった〈またはがっかりした〉
3 例実験に失敗した。

3
1 ❶イ ❷エ ❸ア ❹ウ
2 ㋒
3 イ

4
❶ア ❷ウ ❸イ ❹ア

てびき
1・**2** 写真や絵から想像を広げて物語を作るときは、登場人物が「どんな人物か」を設定していきます。そのときに、どんな人物かを人物の服そうや様子、特徴《ちょう》から考えるとよいでしょう。**1**と**2**はその練習問題です。

絵を見てわかる人物の特徴をとらえましょう。**1**3や**2**2・3は、絵から想像できる答えが書けていれば、正答とします。

3 物語のおおまかな組み立てを考えて、あらすじをかじょう書きにまとめてみましょう。物語の全体を見通すことができます。

1 ❷「てんかい場面」では、「できごとのきっかけ」と、そのあとに人物が行動することによって、物語がてんかいします。

2 ㋒「やま場」で、家族とミャアとの再会があります。

4 人間の感情を表現するために、よく使われる言葉を覚えておきましょう。

ブラッキーの話

50・51ページ まとめのテスト❶

1 祖母〈またはおばあちゃん〉・死んだ
2 まいぐらい（の年）
3 かわいがる
4 裏切る（ような）・思い出
5 イ
6 例愛情は増えていくものだということ。
7 （その子の）持ち味
8 ウ

てびき
3 ママは「前に育てていた犬がなくなったあと」で、「前の犬を裏切《うら》るような気がし」たから、ブラッキーをあまりかわいがる気がしなかったのです。

4 ママは、ブラッキーを飼う前とあとで、思い出や愛情についての考え方が変わりました。そしてそれは、「おじいちゃんの言うとおりだった。」ということをとらえましょう。

5 ママは紅《こう》茶を飲みながら、おじいちゃんの言葉や、ブラッキーとの思い出と自分の気持ちの変化をていねいに語っています。

7 あとのママの言葉からとらえましょう。愛情というものの豊かさを友情にもあてはめて考えています。いろいろなタイプの友達と交わるほどに、友情が増えていくという考え方です。

8 親友や友情の話の時、まいは「いつもより深くうなずいた」とあります。その様子から、ママは、まいが学校で何かあったのではないかと思ったのです。

52・53ページ まとめのテスト❷

1 心配・むかえに来て（い）る
2 イ
3 例死んだブラッキーが庭を歩いているのではないかということ。
4 全身が耳になった
5 口をへの字に結んでいた（。）
6 罪悪感・気のせい
7 この世のものではない・（もっと、）おごそかな

8 例 「事実」と「物語」を混同してはいけないけれど、どちらが自分にとっての「真実」かは、そのときどき、自分で決めてもいいことなんだろう（と考えている）。

てびき

1 直前の、まいとママの会話に着目しましょう。

2 「そういう」とは、前の部分に書かれているママの考え、「死んでからも私《わたし》のことが心配で、大好きなおじいちゃんのところに行けないでいる」ブラッキーをさしています。ブラッキーにとってママは、いつまでも守らなければならない存在なのです。

3 二人は同時に、動物が歩いているような「ザッ……ザッ……」という音を聞いています。さくがある庭に入れるのは、死んだブラッキーしかいないと考えています。

4 どのようにたとえられていますか、という問いなので、たとえを表す言葉「〜ような（に）」を探しましょう。――④の直前に「まいは全身が耳になったように」とあります。実際に全身が耳になったわけではありませんが、このようにたとえを使うことで、まいが音に集中している様子がよく伝わってきます。

5 ママはブラッキーの性格から、自分のことが心配でおじいちゃんのところに行けないでいると考えています。そんなブラッキーを安心させて天国に行ってほしいと思ったので、ママは「口をへの字に結んで」「ブラッキーに心配かけないように、なみだをこらえて」いるのです。

6〜8 死んでしまったブラッキーのかげが現れたことを、パパは「事実」として認《みと》めないけれど、「あの時の『ぞくぞく』」に「おごそかなもの」を感じたまいは、それを自分にとっての「真実」だと考えたいのです。

きつねの窓

54・55ページ 基本のワーク

❶ ①まど ②かんばん ③りっぱ ④そ ⑤はら ⑥かんげき ⑦こめだわら ⑧ほねやす ⑨ようさん ⑩えんせん

❷ ①染 ②胸 ③敵 ④困 ⑤忘

❸ ①イ ②ア ③ウ ④ウ ⑤ア ⑥ウ ⑦ウ

内容をつかもう！

1 （順に）（一）→3→2→4

2 ①イ・ア ②オ

56・57ページ 練習のワーク❶

1 山小屋・鉄砲

2 みがき上げられた青いガラス。

3 杉林・青いききょうの花畑

4 そらおそろしい・美しすぎた

5 イ

6 子ども・白ぎつね〈または きつね〉

7 ア

8 まるで、昼の月を見失ったような感じです。

てびき

1 「ぼくは、自分の山小屋にもどるところでした。……考えながら。」から読み取ります。

2 あることを他のものにたとえるときには、「（まるで）……ように」という言葉を使います。空のまぶしさを直後の文で「まるで、みがき上げられた青いガラスのように……。」とたとえています。

3 あとに、「ぼく」がその時見たものが書かれています。いつもとちがう風景にでくわして、「立ちすく」んだのです。

4 「その景色」について、「あんまり美しすぎました。なんだか、そらおそろしいほどに。」と書かれています。美しい景色ではあっても、普《ふ》通ではない様子だったので、引き返したほうがよいと考えたのです。

7 「ダンと一発や」るとは、きつねを鉄砲《ぽう》でうつことです。直後に「できれば、ぼくはきつねの巣を見つけたかった」とあります。ここで子ぎつねをうたずに、巣を見つけて親ぎつねをしとめようと思ったのです。

58・59ページ 練習のワーク❷

1 (1) 指・（小さな）窓・白いきつね（の姿）〈または （みごとな）母ぎつね〉

(2) ぼくは、あんまりびっくりして、もう声も出ませんでした。

2 ウ

3 例死んだ母さんの姿を、一回でも見たいという気持ち。〈またはもう一度母さんに会いたいという気持ち。〉
4 ききょうの花
5 例指で作った窓から、いつでも、母さんの姿を見ることができるから。
6 独りぼっち・母さん〈または母ぎつね〉・例よくわかった
7 (1) イ
(2) （もう）うれしくてたまらないという顔。

てびき

1 (1) 直後の「指でこしらえた……はめこまれたような感じなのです。」に、「ぼく」が「仰《ぎょう》天」した理由が書かれています。
(2) 声も出ないことから、「ぼく」のおどろきが伝わってきます。
2 直前の「ぼく」との会話で、きつねは、母さんが鉄砲《ぽう》でうたれて死んだと話しています。両手を下ろしてうつむくきつねの様子から、悲しさが伝わってきます。
3 「これ、人情っていうものでしょ。」とあるので、「これ」のさす内容を前の部分から探します。直前に「死んだ母さんの姿を、一回でも見たい」とあるので、この内容をまとめます。
5 直後に「この窓から……見ることができるんだから。」とあります。理由を表す「から」に注目しましょう。
6 直後に「実は、ぼくも独りぼっちだったのです。」とあります。母親を失った子ぎつねも「独りぼっち」です。同じような状況《きょう》なので、気持ちがわかったのです。
7 (1) 6で見たように、「ぼく」は「独りぼっち」です。だから、子ぎつねのように、自分の会いたい人にいつでも会える窓がほしいと思ったのです。
(2) 「ぼく」と「きつね」の心が通い合ってきたことが感じられます。

60・61ページ 練習のワーク3

1 雨・なつかしい庭 2 子どもの長靴
3 イ 4 「ぼく」と死んだ妹（の笑い声）。
5 ウ
6 素敵な指・大切にしたい
7 青い色・小屋の天井
8 例せっかく染めてもらった指を洗ってしまうなんて、自分はなんてばかなことをしたんだろう。〈または子どものころの家をもう二度と見ることができないなんて、残念でならない。〉

てびき

3 直後に「……からです」と、理由を表す言葉があります。自分の母が出てくるかもしれないと思い、「ぼく」はどきどきしたのです。
4 直後に「あれはぼくの声、もう一つは死んだ妹の声」とあります。
5 直後に「とてもせつなくなりました」とあります。「ぼくの家は焼けた」「あの庭は、今はもう、ない」ことを思って、せつなくなったのです。
8 手を洗ってしまったので、染めてもらった指の青い色は落ちてしまい、窓を作っても何も見えなくなってしまいました。「がっくりとうなだれて」という言葉に、「ぼく」の落ちこんだ気持ち、元気をなくした気持ちが表れています。手を洗ったことをこうかいする思い、またはもう会いたい人の姿や見たいものを見られなくなったことを残念に思う気持ちが書けていれば正答とします。

言葉の文化④ 言葉は時代とともに

62・63ページ 基本のワーク

❶ ❶ア ❷イ ❸ウ ❹イ ❺ア
❷ 八世紀・歌集
❸ ❶五・七・五・七・七・上・下 ❷五・七・五・季語
❹ (1) ❶いくたびも―雪の深さを―尋ねけり ❷くれなゐの―二尺伸びたる―薔薇の芽の―針やはらかに―春雨のふる
(2) ❶くれない ❷やわらか
❺ ❶明治・短歌・病 ❷小説 ❸大正
❻ ❶（順序なし）三四郎・坊っちゃん・吾輩は猫である ❷（順序なし）杜子春・トロッコ・蜘蛛の糸
❼ ❶変化・現代 ❷暮らし方
❽ ❶イ ❷ウ ❸ア

てびき

4 (1) 基本的に俳句は「五・七・五」、短歌は「五・七・五・七・七」で区切ります。「しゃ・しゅ・しょ」などは一音として数えます。

(2) 「くれなゐ」の「ゐ」は、現代では使われていない仮名《かな》で、「い」と読みます。「やはらか」の「は」は、現代では「わ」と読みます。このような昔の仮名づかいを、歴史的仮名づかいと呼びます。

64・65ページ 練習のワーク

1 万葉集

2 例雪の積もった富士山は、なんて大きくて美しいのだろう。

3 ウ　**4** イ

5 春雨・針・繊細で温かい

6 お季語…柿　季節…秋

か季語…雪　季節…冬

7 ア・エ　**8** ❶お　❷う

てびき

2 雪の積もった富士山《ふじさん》の美しさやゆう大さに感動する気持ちが書けていれば正答とします。

3 「夕波」とは、夕方に立つ波のことです。

4 「汝《な》が鳴けば」は、おまえが鳴くと、という意味です。「古思《いにしへ(エ)》ほゆ」は、昔のことが思い出されるという意味です。

5 薔薇《ばら》の芽の針という細かいところに目を留め、そこにやわらかさを感じているところに、子規《しき》の繊《せん》細で温かいまなざしが感じられます。

6 季語を探すときは、季節を感じさせるような動植物・天候・行事などに注目しましょう。おの「柿《かき》」は、秋に実る果物なので、秋の季語です。かの「雪」は冬に降ります。同じ「雪」でも、「雪どけ」などの場合、春の季語になるので、注意が必要です。

7 文章中に、「病に苦しみ、ほとんどねたままの状態となりながらも」とあります。病気でねている子規が、自分では外を見られないので、家の人に雪の様子を尋《たず》ねているのです。

8 ❷「瓶《かめ》」(＝花びん)、「たゝ《(タ)》み」という言葉から、室内の様子をうたっていることがわかります。子規は、たたみという低い位置から、花の様子をくわしくとらえています。

きつねの窓

66・67ページ まとめのテスト

1 (1) 青く染められた・ひし形の窓

(2) しっぽ・すわって

2 例母ぎつねが(鉄砲で)うたれたこと。

〈またはきつねの母さんが殺されたこと。〉

3 例窓の中のきつねのことを、母さんだと言ったから。

4 例ききょうの花をどっさりつんで、その花のしるで自分の指を染めた。

5 気ののらない・すっかり感激

6 イ

7 ウ

てびき

2 「だれが」は、母ぎつね(きつねの母さん)で、「どうなった」は、鉄砲《ぽう》でうたれたことです。

3 直前の「ぼく」との会話で、きつねは窓の中の白いきつねを「これ、ぼくの母さんです。」と言っています。

4 きつねが言った「そしたらね……染めたんです。」の部分からまとめて書きます。

5 「のぞいてごらんなさい」ときつねにすすめられた時は「うう?」と、「ぼくは、気ののらない声を出しました。」(11行)とあります。最初「ぼく」は、きつねの窓がどんなにすばらしいものか、わかっていなかったのです。けれども窓をのぞいて話を聞いたあとは、「すっかり感激して、何度もうなず」いたのです。

6 「ぼく」もきつねと同じように「独りぼっちだった」ので、きつねの窓がほしいと思ったのです。

7 きつねは、母さんの姿が見られる窓を「ぼく」にのぞいてほしくて、何度も「のぞいてごらんなさい」と言っています。その「ぼく」がのぞいて感激したので、自分の窓がどんなに素《す》敵かわかってもらえたと、うれしくなったのです。

十二歳《さい》の主張

68・69ページ 基本のワーク

❶ ①ぎもん ②かいぜん ③せんもんか ④ないかくふ

❷ ①改善 ②内閣府

❸ ①疑問・課題 ②主張・明確 ③根拠 ④構成

❹ ア〇 イ〇 ウ× エ×

❺
1 イ
2 私たちは、英語学習にどう取り組めばいいのか。
3 ウ
4 英語学習は、私たちの可能性を広げる
5 イ

てびき ❺

1 「序論（始め）」に「新聞で、世界的にグローバル化が進行していて、英語を使う場面がますます増えていることを知った。」とあります。

2 「序論（始め）」に「私たちは、英語学習にどう取り組めばいいのか。」と、課題提起がされています。

4 「本論（中）」の最後に「英語学習は、私たちの可能性を広げる。」という意見が述べられています。

5 「積極的に取り組んで」という、前川さんの希望が述べられているから「いきたい」が入ります。

漢字の広場④ 音《おん》を表す部分 五年生で学んだ漢字④

70・71ページ 基本のワーク

❶ ①しみず ②たんしゅく ③ちょうじょう ④けんちょう ⑤にまい ⑥いずみ ⑦ひひょう ⑧かし ⑨ざっし ⑩ちゅうせい ⑪えんき ⑫けいざい

❷ ①批評 ②雑誌 ③創刊号

❸ ①団体 ②総力戦

❹ ①各 ②蔵 ③原 ④倉

❺ （右から順に） ①各・格 ②側・則・測 ③果・課 ④官・館・管 ⑤効・校・交 ⑥績・積・責 ⑦悲・非

十二歳《さい》の主張

72・73ページ まとめのテスト

1 イ
2 内閣府の調査
3 例 正しくない情報がのっていたり、相手が見えないために、トラブルに巻きこまれたりする可能性があること。
4 （順序なし） 利用するとき・発信するとき
5 ア
6 ②
7 イ

てびき

1 「インターネットがこのようにふきゅうしたのは」とあることから、夏川さんがデータのすうちを引用したのは、インターネットがふきゅうしていることを示すためだとわかります。

3 「正しくない情報がのっていたり、相手が見えないために、トラブルに巻きこまれたりする可能性がある」の部分に着目して、まとめます。

4 「私はインターネットを使う際のルールを、『利用するとき』と『発信するとき』に分けて考えてみた」とあります。

5 小学生に比べて中学生のほうが、『インターネットの利用内容』の『コミュニケーション』の利用率」がかなり増えています。これは、これから中学生になる「私たちが発信する側になる機会が増えること」を意味するので、夏川さんは注意をうながしたのです。

6 文章の初めから「序論・本論・結論」になります。

7 ア「自分の意見への反対意見」への「反論の根拠《きょ》をデータで示して」はいません。イ「意見の根拠をデータで示し」ていること、「予想される反対意見に対する反論」という内容が合っています。ウ夏川さんは、自分の考えをきちんと示しているので「自分の考えはあまり示さない」はまちがいです。

あなたはどう感じる？ ぼくの世界、君の世界

74・75ページ 基本のワーク

❶ ①こうよう ②まじめ ③も ④ひみつ ⑤はってん ⑥ひてい ⑦ぼうめい ⑧しゅうきょう ⑨けいとう ⑩じんぎ ⑪せいか ⑫しゃくど ⑬はいぞう ⑭ほうりつ ⑮みんしゅう ⑯いちょう

❷ ①盛 ②秘密 ③胃腸

❸ ①ウ ②ア ③イ ④ア ⑤ウ ⑥イ

☆内容をつかもう！

1 ①ア ②イ ③イ

2 ①チョコレート・腹痛 ②アニメ

てびき 内容をつかもう！

1 筆者が小学生だったころに「天井《じょう》からぶら下がっているうす暗い電球を見ていた時、ふと」うかんだ考えについて述べています。

2 ①「あまみ」の感覚について「チョコレート」を食べた時の例があげられています。「痛み」の感覚について「腹痛」の時の例があげられています。

②「言葉のキャッチボール」について、「君と友達が、好きなアニメについて夢中になって話している」時の例があげられています。

76・77ページ 練習のワーク❶

1 （順序なし）あまみ・痛み

2 イ

3 あまみの「程度」

4 ウ

5 自分が腹痛を起こした時の感覚。
〈または「自分」が経験してきた痛みの感覚。〉
〈または自分がこれまでに感じてきた痛み。〉

6 自分が、他人の中に入りこんで、その人が見たり、感じたりしていることをそのまま体験すること。
〈または他人が見たり、感じたりしていることを体験すること。〉

7 イ

てびき

1 初めの文の「例えば」に注目しましょう。「例えば、あまみや痛みのような感覚は……」とあるので、「あまみや痛みのような感覚」を例にあげていることがわかります。そのあとには、「チョコレートを食べる」時のあまみの感覚の説明、「友達が、『おなかが痛いよ。』と言った時」の痛みの感覚の説明が順に述べられています。

2 ――①のあとで、筆者は「まず、……。」「また、……。」と順序よく自分の考えを説明しています。「君よりも友達のほうがずっとあまく感じているかもしれない」「それぞれが、全くちがった感覚を口の中に感じていて……考えられる」とあるので、筆者は「君」と「友達」の感じているあまみは同じとは言いきれないと考えていることがわかります。

3 直後の文にある「つまり」に注目しましょう。「つまり」は、前に述べた内容を、別の言葉で言いかえてまとめるときに使われる言葉です。

4 二人とも自分が口の中で感じている感覚を同じ「あまい」という言葉で表現しているけれども、その感覚はちがっているかもしれないということを述べています。

5 直後に「君は、自分が腹痛を起こした時の感覚を思い出して、『ああ、痛そうだなあ。大変だなあ。』と思う」とあります。

6 指示語（こそあど言葉）のさす内容を、前から読み取ります。「他人の感覚を体験すること」という内容が書けていれば正答とします。

7 具体例から、筆者が述べようとしていることを考えます。あまみの例も痛みの例も、自分が感じている感覚と、友達が感じている感覚が同じであるとは、証明できないので、正解はイです。アは、自分の「感覚」が「あてにならない」という内容は述べられていないので、まちがいです。ウは、「感覚の強さは、人によってちがう」と断言しているわけではないので、まちがいです。

78・79ページ 練習のワーク❷

1 (1) 永遠に理解し合えない

(2) 好きなアニメについて夢中になって話

している

2 言葉のキャッチボール

3 自分と同じようにこのアニメが大好き・うれしくて気持ちをはずませている

4 (1) 例相手がうれしがっているふりをしているのではないかという疑い。

(2) 作り笑いの表情が見えた・(あれ、変だな。)無理しているみたいだ。

5 (順序なし)

・例自分と相手が同じように感じているところ。

・例それぞれの感じ方がちがうところ。

6 わかり合えない・ちがいがわかった

7 ウ

てびき

1 (1) 指示語(こそあど言葉)のさす内容は、前の部分からとらえます。

(2) 直後にある「例えば」という具体例を示す言葉に注目します。

2 「そのように、二人で『言葉のキャッチボール』をしている時」とあります。「そのように」は、——②の前後で述べられている二人の会話の様子をさしています。一人が相手に言葉を投げかけると、相手がその言葉を受け止めて、また言葉を返してくることを、「キャッチボール」にたとえています。

4 (1) 「そのような疑い」とあるので、どんな疑いなのかを考えて、前の部分を探しましょう。前に「相手がうれしがっているふりをしている可能性もある」とあるので、この内容をさしていることがわかります。

(2) 「疑いをもつとしたら……時だけだ。」とあるので、この一文の内容を二つに分けて書きます。

5 「言葉のキャッチボールをしていると、……ところだけでなく～に気づかされることもある」とあります。つまり、会話をしていると「……」と「～」の二つの内容に気づかされるということになります。

6 直後に「これは……ではない。むしろ……ということなのだ。」とあります。

7 文章の初めのほうに「人と人は、永遠に理解し合えないのだろうか。／そうではない、とぼくは思う。」とあります。そして最後の段落には、「言葉や表情をやりとりすることによって……心を伝えたり、受け取ったりしている」とあります。アは、「気持ちを理解することは不可能である」がまちがいです。イは、「言葉などのやりとりをしてもむだである」がまちがいです。

80・81ページ まとめのテスト

1 (1) 自分には、自分だけの心の世界がある

(2) ❶自立　❷心の世界　❸秘密

(❷・❸は順序なし)

(3) (周りからは見えない、)その人なりの心の世界をもっている

2 感じている・同じ

3 一人きりの自分

4 自分の思いは、だれかに伝えようとしないかぎり、だれとも分かち合えないし、だれにもわかってもらえない

〈または自分の思いは、だれかに伝えようとしないかぎり、だれとも分かち合えない〉

〈または自分の思いは、だれかに伝えようとしないかぎり、だれにもわかってもらえない〉

5 イ・ウ

てびき

1 (1) 「そういうことを特に意識していない」とあるので、どんなことを意識していない(＝気づいていない)のかを考えて、前の部分を探します。

(2) 直後の文に「成長し……そのことを意識するようになる」とあります。「そのこと」は、——①「そういうこと」と同じ内容をさしています。

2 直前の部分から、「極端《たん》な思い」が述べられた部分を探します。

3 「それは、『一人きりの自分』を知ることにもつながっていくだろう」とあります。

4 自分だけの心の世界があると気づき、他人との関係を考えた時に「一人きりの自分」を知るのです。「一人きりの自分」とは、自分の思いは、だれかに伝えようとしないかぎり、だれにもわかってもらえない(＝人は根本的には「一人きり」である)という感覚のことです。

5 初めの二つの段落に、人は成長し、自立していく中で、「自分には、自分だけの心の世

界がある」ことに気づくと書かれています。この内容に合うのは、ウです。また、最後の段落に「自分の思いは、だれかに伝えようとしないかぎり……わかってもらえない」からこそ、人は「心を伝え合うための努力を始める」と書かれています。この内容に合うのは、イです。アは、「知ろうとしてはいけない」とは書かれていないので、まちがいです。エは、「心を伝えようとする必要はない」という内容が文章に合っていません。

「うれしさ」って何？——哲《てつ》学対話をしよう
言葉の広場④／詩を読もう　紙風船

82・83ページ　基本のワーク

❶ ①たんじょうび　②けいい　③たんにん　④へいかい　⑤しょうち　⑥はいしゃく　⑦そんけいご　⑧うやま

❷ ①担任　②閉会

❸ ①ウ　②イ　③ア

❹ ①ご連絡いたします　②ご案内いたします　③お答えいたします

❺
1 二
2 (1) 紙風船　(2) 美しい願いごと
3 ウ
4 イ

てびき

❸ ①は、文末が「ますか」という疑問の形になっているので、相手にやってくれるかどうかをたずねる表現になっています。②の文末は、「ませんか」と打ち消しの形になっていて、①の「ますか」という疑問の形よりもさらに、相手の気持ちを尊重するものになっています。③の文末は、「ませんでしょうか」と断言をさけていて、①・②よりもさらに相手に判断を任せる表現になっています。

❹ ①～③の文末の「あげる」「さしあげる」「あげます」は、自分の行動が相手のためになるということを表し、自分の手間を相手に対して主張してしまうことになるので、相手によくない印象をあたえてしまうことがあります。「ご……いたします」「お……いたします」という謙譲《けんじょう》表現を使ったほうが、相手によい印象をあたえます。

❺ 1 「落ちてきたら」から「打ち上げよう」までが一つのまとまりになっていて、そのあとに「美しい／願いごとのように」とつけ加えられています。

2・3 紙風船を何度も打ち上げることを「美しい／願いごとのように」とたとえています。「何度でも」ということは、落ちてくるたびに打ち上げ続けるということです。ここから、「美しい／願いごと」も心に思い続けることが大切だと、作者が考えていることが読み取れます。

4 第二連の「美しい／願いごとのように」は、本来なら第一連の前に置くべき内容ですので、イが正解です。この詩では、アのように「人間ではないものを人間のようにえがい」たり、ウのように「作者が見た光景を見たままに」えがいたりしているといえる部分はありません。

「迷う」

84・85ページ　基本のワーク

❶ ①しんこく　②ほか

❷ ①深刻　②外

❸ ①飼　②経験　③提出　④複雑

❹ ①ウ　②ア　③イ　④イ　⑤ア　⑥イ　⑦ア　⑧ウ　⑨ウ

内容をつかもう！

☆
1 ①マヨちゃん　②メニュー　③漢字　⑥えさ
2 ①ア　②イ　③ア　④イ

86・87ページ　練習のワーク

1 でたらめな
2 えさとなるものを探し回っている。
3 帰り道がわからなくなる
4 えさ（となるもの。）
5 (1) 迷ったり・無関係・一直線
(2) 小石は乗りこえ、草の根はうかいする。〈または乗りこえたり、うかいしたりする。〉

6 太陽の方角

7 (1) 太陽コンパス方式
(2) 右目のちょうど真横・左目のちょうど真横

8 ウ

9 例 人間は道に迷うことがあるが、アリは道に迷うということを知らないところ。

てびき

1 「歩き方」という言葉に注目して、――①の前後を探します。「あっちへ行ったり……実にでたらめな歩き方をしている」とあります。

3 「だが、心配は無用。」に注目します。「だが」は、前後にちがう内容がくるときに使う言葉なので、「だが」の前に「心配」の具体的な内容が書かれていることがわかります。直前の段落の最後を確かめると、「帰り道がわからなくなりそうだ」とあります。

4 何を「口にくわえ」るのかを考えながら、「それ」の前の部分から探します。

5 (1) ――④の直後に、えさを見つけたあとのアリが巣にもどるときの様子が説明されています。えさを見つけるまでは「でたらめ」にも見える歩き方をしているアリが、巣にもどるときは迷うことなく一直線にもどっていくことをおさえましょう。
(2) 「小石を乗りこえ、草の根はうかいしながらも」とあることに注目します。

6・7 「実はアリたちは……」で始まる段落で、アリが巣の方向を知るやり方が説明され、続く段落に、「この方向探知のやり方は、太陽コンパス方式と呼ばれている。」とあります。

8 第四段落でアリが道に迷わないことを説明し、第五段落でアリが道に迷わない理由を説明して、最後の段落でまとめを述べています。最後の段落に注目して、筆者が述べたかったことを読み取ります。

9 最初の段落には、人間が「迷う」ということが述べられています。これに対して、**8**で考えたように、アリは「迷うということを知らない」生き物です。このちがいを書きましょう。「人間は道に迷うが、アリは道に迷わない」という内容が書けていれば正答とします。

88・89ページ まとめのテスト

1 (1) (たまごや)ひな (2) 事故

2 ひな・キツネ・カラス・危険

3 空腹・暗く・えさをとりには行かれない

4 (順序なし)
・(思いきって飛びたち、急いで)えさをとりに行く。
・(巣に残って)(えさをとりに行かず、)うえにたえる。

5 イ

6 例 先のことがわからない中で、一つ一つ迷いながらも決断を下すこと。

てびき

1 (1) 前の段落に「夫《ふう》婦が交替《たい》で巣にすわってたまごやひなを守る」とあります。
(2) 直後の一文に「もしかすると、どこかで事故にあって、帰ってこられないのかもしれない。」とあります。

2 直後の文で、「……危険にさらされるからだ」と理由が述べられています。**1**の(1)で確かめたように、夫婦の片方がえさをとりに行っている間、もう片方は巣でひなを守るという役割分担になっているのです。

3 問題文に「時間が過ぎていくと」どんな不都合なことが起きるかとあることに注意して読み取りましょう。前の部分に「妻はしだいにおなかがすいてくる。ひなたちだって、もう空腹だ。」とあり、あとには「暗くなったら、えさをとりには行かれない。」とあります。「カラス」「キツネ」におそわれるという不都合は、時間が過ぎることとは直接関係がないので、ここでの答えとしては正しくありません。

4 直後の段落の内容を読み取ります。妻は「えさをとりに行く」という決断をしますが、一方「キツネの危険」が大きかったら「うえにたえるほうを選ぶ」と書かれています。「えさをとりに行く」「うえにたえる」という二つの内容が書けていれば正答とします。

5 決断を下す根拠《きょ》は「簡単にわかることではない」とあり、「決断を下した結果が思いの外よくなくて」という場合もあることが述べられています。

6 筆者は、先のことがみなわかっていたら、「生きていく楽しみ」がなくなってしまうと考えています。逆にいえば、「迷う」からこそ生きていくのが楽しい、迷いながら、その先どうするのかを決断することが楽しいと考えているのです。

六年間の思い出をつづろう――卒業文集

90・91ページ 基本のワーク

❶ ❶ゆうしょう ❷す

❷ ❶優勝 ❷吸

❸ 気持ち・たとえる・順序・伝えたいこと

❹ 1 おまえは勝てない・ささやいている
2 自分の感じ方の変化
3 ア
4 心のもちよう

てびき

❹ 1 「まるで〜ようだった」と、たとえを用いて表現しています。

2 昨年の五月、サッカーの大会での相木《あいき》さんの「風」に対する感じ方の変化が書かれています。

3 相木さんの風に対する感じ方を、試合の始まる前とあとで比べます。試合の始まった時は風に対して「きょうふなどがいつも以上に感じられた」と書かれています。しかし、試合のあとでは「その時の風にはきょうふではなく、喜び、達成感、そしてみんなとの友情が入っていた気がする。」と書かれています。ここから、相木さんの風に対する感じ方は、試合のあとではよいものに変わったことがわかります。

4 文章の最後にまとめられています。「心のもちよう一つで風の感じ方も変わる」というのが相木さんの考えです。

言葉と私たち 漢字の広場⑤ 同じ訓をもつ漢字 ほか

92・93ページ 基本のワーク

❶ ❶しゅうしょく ❷かち ❸けんぽうがく
❹おさ ❺れんめい ❻かいかく
❼しきしゃ ❽たまご ❾すんぽう
❿こうざい ⓫そな

❷ ❶価値 ❷納 ❸連盟 ❹寸法

❸ ❶険 ❷指示 ❸弁当 ❹保護 ❺快適
❻肥料

❹ ❶ア ❷ア ❸ア ❹イ ❺ア

❺ (右から順に) ❶合・会 ❷着・付 ❸治・直
❹備・供 ❺勤・努・務 ❻計・量・測

てびき

❺ それぞれの漢字をふくむ熟語を考えてみると、漢字一字一字の意味を考えるときの手がかりになります。

❸「完治」などから、「治」は、きずや病気を「なおす」ときに使うことがわかります。

❺「通勤」「努力」「任務」などの熟語から、意味を考えます。

❻「計算」「容量」「測定」などの熟語から考えます。

94・95ページ まとめのテスト

1
1 安全・効率的
2 イ
3 本を読むこと。〈または読書〉
4 例 世の中のすばらしいことや貴重な情報。
5 ウ
6 新しい事実・導き出したり

2
1 言葉づかいがすごくていねいになった。
2 例「君」とか「おまえ」と呼べたり呼んでもらえたりする友達ができること。
3 他人とのきょり・便利な
4 相手の立場・寄りそうこと
5 文学作品
6 ア

3
(右から順に) ❶暑・熱・厚
❷治・修・納・収

てびき

1 3 「本を読むことで、宇宙の仕事で不可欠な論理的な考え方の基礎《そ》を、学ぶことができたと思います。」(教科書下90ページ下段5行）と述べています。

4 「そうしたこと」のさす内容を前の部分から探します。直前に「世の中にはすばらしいこと、貴重な情報がたくさんあります」とあるので、この内容をまとめます。

5 「読書によって」という書き出しの文の内容を読み取ります。「先人や著《ちょ》者のもつさまざまなかちある知識や考え、教訓を吸収して、人生の糧《かて》とすることができます」（教科書下90ページ下段10行）と述べています。アの内容は述べられていません。イは「直接出会うことができ、体験することができる」がまちがいです。

6 問題では「きっかけ」を問われているので、「……きっかけになると思います。」と書かれた一文に着目します。「それが、新しい事実を発見したり……きっかけになると思います。」（教科書下90ページ下段12行）の「それ」は直前の文の内容をさしています。

2

1 「だから私の言葉づかいはすごくていねいになり」とあるので、友達が一人もいなかったことで、キャンベルさんの言葉づかいがすごくていねいになったとわかります。気心の知れた友達どうしではふつう、ていねいな言葉よりも、親しみをもてる言葉を使います。

3 「英語に比べれば、日本語は……」という書き出しの一文に着目します。日本語は「他人《ひと》とのきょりをのばしたり縮めたりするのに便利な言語」（教科書下91ページ下段8行）と述べています。

5 キャンベルさんは、現代でも変わらない昔の人の考えを、文学作品から学んだのです。そしてそれを、「今、目の前にいる他人とのきょりを少しばかり縮めること」に生かしています。

6 「なぜですか」という問いなので、理由を表す「〜から」「〜ので」などの表現を探しましょう。理由は「一つには物語をたくさん読んできたからだと、そう信じています」（教科書下91ページ下段17行）と説明されています。この内容に合うのはアです。イは「日本での他人とのきょりのとり方について書かれた、日本語のいい作品」は述べられていないのでまちがいです。また、文章中でキャンベルさんは「物語をたくさん読んできた」と述べているので、ウの「日本での他人とのきょりのとり方について書かれた、論説文」を読んだからはまちがいです。

3

❶ それぞれの反対語を考えると、意味が区別しやすくなります。順に、「暑い↔寒い」「熱い↔冷たい」「厚い↔うすい」です。

❷ 「治める」「修める」「納める」「収める」の使い分けは、それぞれの漢字を使った熟語を考えると、区別しやすくなります。

・治める…統治　↓王様が国を統治する。
・修める…修学　↓大学で学問を修学する。
　　　　　　　↓修学旅行に行く。
・納める…納税　↓市に税金を納税する。
・収める…回収　↓人形を箱に回収する。

津田梅子《つだうめこ》――未来をきりひらく「人」への思い

96・97ページ 基本のワーク

❶ ❶ばくふ ❷つうやく ❸つくえ ❹よくねん〈またはよくとし〉 ❺みと ❻ちょうりゅう ❼ほしょう

❷ ❶幕府 ❷通訳 ❸机 ❹翌年 ❺認 ❻潮流

❸ ❶学問 ❷指導

❹ ❶ウ ❷ア ❸ウ ❹イ ❺ア ❻イ ❼ア ❽イ

☆内容をつかもう！ ❶カ ❷ウ ❸オ ❹イ ❺ア ❻エ

てびき 内容をつかもう！

❶「日本で初めての女子留学生の一人として」（教科書下97ページ5行）とあります。❹「梅《うめ》子《こ》は日本の女性が留学できるように、奨《しょう》学金の制度を作ろうと計画した」（教科書下103ページ7行）とあります。❻「梅子は『女子英学塾《じょしえいがくじゅく》』を創立した」（教科書下107ページ11行）とあります。

98・99ページ 練習のワーク❶

1 イ

2 ⑴なつかしく、楽しみ
⑵日本語・なやみや不安

3 ア

4 例（当時の日本社会では、）女性が高等教育を受けて仕事をもつ必要はないと思われていたから。

5 ウ

6 例このまま華族女学校で教師をしていても、学ぶことの楽しさを伝えることはできないのではないかという気持ち。

てびき

1 直前に「ランマン夫妻と過ごした日々が次々と思い出され」とあることから、夫妻との別れを悲しんでいることがわかります。

2 ⑴ ——②「そんな」が何を示しているかを確かめます。前の部分に「日本の家族との再会は、とてもなつかしく、楽しみでもあった」と書かれています。

⑵ あとに、「日本語をほとんど忘れてしまった」「なやみや不安を本音で語り合えるのは、捨松《すてまつ》と繁子《しげこ》だけ」とあります。

3 ——③までの内容から、「移植された木」という表現が、梅子《うめこ》が日本に帰ってきたものの、日本語がうまく話せないために、家族との会話が難しくなり、日本での日常になじめていないことを表していることがわかります。

4 前の一文に、「当時の日本社会では、女性が高等教育を受けて仕事をもつ必要はないと思われていたのだ。」とあります。

5 ——⑤より前に、「帰国後の女子留学生を活躍《やく》させる場を政府はつくっていなかった」こと、梅子が「国費留学生としての責任を感じていた」ことが述べられています。梅子は政府や日本社会の考え方によって自分の責任を果たせていないことを心苦しく感じていたため、政府に採用されたことをうれしく思ったのです。

6 直前の（ ）に梅子の心情が書かれています。「華族女学校《かぞくじょがっこう》」で教師となったものの、教育を「お稽《けい》古ごと」のように考えている生徒たちを目《ま》の当たりにして、自分が留学していたときのような学びの楽しさを感じさせることが難しいと思い、不安になったのです。

100・101ページ 練習のワーク❷

1 生物学の教授の助手・研究

2 きめ細かい教育・日本の女性たち・機会

3 イ

4 教育のためにできること

5 ⑴ 女性研究者〈または生物学の研究者〉・広げる
⑵ 例（自分と同じように）女性研究者として道をきりひらいてくれるという大きな期待。

6 ⑶ ウ
人を育てる・共感

てびき

1 梅子《うめこ》は、「生物学の教授の助手をたのまれ、研究に明け暮れていた」と書かれています。

2 梅子は、「ブリンマー大学で少人数のきめ細かい教育」を受けた経験から、日本の女性たちにも「自分と同じような教育を受ける機会を作りたい」と思うようになります。梅子は、ブリンマー大学の教育を実際に受けたことで、その教育のすばらしさに感心し、このような思いをもつようになったのです。

3 第一段落に書かれている思いから、梅子は「日本の女性が留学できるように、奨学金の制度を作ろう」としたことが説明されています。奨学金制度に必要なお金は八千ドルで、その「募《ぼ》金活動のために」留学期間を延長したのです。

4 直後に、「一回めの約十年間の留学、そして今も華族女学校《かぞくじょがっこう》から……帰国して日本の女性の教育のためにできることをしなくてはならない、という強い思いがあった。」とあります。第二段落でも述べられているように、留学するには大金がかかるので、梅子は、自分の留学にかかったお金のことなどを考えると、自分にとって「魅《み》力的なさそい」であっても、それに簡単に乗る気持ちになれず、「日本の女性の教育のためにできること」をしようと思ったことがわかります。

5 ⑴・⑵ トマス先生は、「梅子を高く評価していた」ため、「梅子にブリンマー大学に残って生物学の研究を続けるよう強くすすめた」のですが、**4**で見たように、梅子はこの「魅力的なさそい」に乗るという決断がなかなかできませんでした。そして、「生物学の研究者として歩む道ではなく、自分の得たものを日本の女性たちに広げる道を選んだ」のです。直後にあるように、トマス先生は、「自分と同じように、女性研究者として道をきりひらいてくれる、と梅子に大きな期待をかけていた」ので、「失望」し、「激怒《ど》」したのです。

(3) 梅子は、トマス先生のいかりを買って「せつなくなった」のですが、「この選択《たく》を後悔《かい》しないためにも、日本の女性が高等教育を受けられるようにしなければ。」と思っているので、ウが正解です。アやイにあるように、トマス先生の言葉によって、梅子が自分の選択を変えようとしているということは、読み取れません。

6 最後の段落に「奨学金制度を作ることで、梅子は『人を育てる』という自分の思いに共感し、応援《えん》してくれる人たちと、たくさん出会うことができた。」とあります。最終的には、トマス先生も「梅子の選択を尊重し、力になって」くれました。

102・103ページ 練習のワーク③

1 (教授としての)安定した収入や地位(。)

2 (1) 特別な機会・自立した女性

(2) (アメリカで開かれる)「万国婦人クラブ連合大会」で、日本代表として講演をしてくれないかというらい。

3 ウ

4 ア

5 (自分よりも前に)道をきりひらいてきた女性・(私も)続きたい・志

6 バトン

てびき

1 梅子《うめこ》は、「教授としての安定した収入や地位」よりも、「女性が高等教育を受けられる学校」を創ることに心が引かれたのです。

2 (1) 直前の段落の「社会に……そのためにあったのではないか。」とある部分をさしています。

3 直後に「梅子は、イギリスで出会った多くの女性リーダーたちから、なんだか勇気づけられる思いがした。」とあります。

4 この言葉の前に、「梅子は、日本では女性に高等教育は必要ないと言われていることを話した。」とあります。ナイチンゲールは、そのような状況《きょう》を変えること(=女性が高等教育を受けられるようにすること)を、「道をきりひらく」と表現しています。

5 梅子は、ナイチンゲールから「四十年ほど……あなたが道をきりひらいていけば、あとに続く人が現れるでしょう。」と言われ、すみれの花束をもらいます。ナイチンゲールの言葉の「イギリスもそうでした」とは、その前の、「日本では女性に高等教育は必要ないと言われている」という梅子の言葉を受けたもので、ナイチンゲール自身も、「女性に高等教育は必要ない」と言われる中で「道をきりひらいてきた」ということがわかります。梅子は、自分と同じ経験をしたナイチンゲールの存在と言葉とにはげまされたのです。(　)の中で述べられている梅子の思いを読み取りましょう。梅子は「このような女性(=ナイチンゲール)に続きたい。志があれば、きっと道はひらけるはず。」と思っています。

6 ナイチンゲールとの出会いは、梅子にとって「特別」なもので、梅子はナイチンゲールからもらった花束をおし花にして日本に持ち帰りました。「花束はナイチンゲールから受け取ったバトンのように感じられた。」とあることに注目します。「バトン」は、リレーなどで、走者が次の走者にわたしていくものですが、ここでは、**5**でも見たように、女性が高等教育を受けられるようにするための運動・努力のことを表しています。梅子は、ナイチンゲールからもらった花束を、女性の教育に力を注いでいく「バトン」として受け止めています。花束をおし花にしたのは、ナイチンゲールと同じように女性の教育のために力を注いでいこうという梅子の決意を表しています。

言葉の広場⑤ 日本語の文字

104・105ページ 基本のワーク

1 ❶たから ❷ちょめい
2 ❶宝 ❷著名
3 ❶ア・エ ❷キ ❸ウ ❹カ ❺オ ❻イ・ク（❶・❻は順序なし）
4 ❶イ ❷ア ❸エ ❹ウ ❺ウ ❻イ ❼ア ❽エ
5 ❶（順序なし）ちょう・じゅう ❷（順序なし）こ・き
6 科学
7 ❶か ❷け ❸も
8 ❶ウ ❷ア ❸エ ❹イ
9 イ

てびき

3 「漢字」は、音だけでなく意味も表します。他は、音を表すための文字です。大きな特徴《ちょう》なので、おさえておきましょう。

4 ❸「時」は、「日（ひへん）」が意味を表し、「寺」が音を表します。❹「亻（にんべん＝人）」と「言（＝言葉）」で、「信じる」という意味を表します。❺「岩」は、「山」にあるような大きな「石」というところからできた漢字です。❽「泳」は、「氵（さんずい）」が意味を表し、「永」が音を表します。

7 漢字の音をもとに、漢字をくずして平仮名《がな》が生まれたことをおさえましょう。

漢字の広場⑥ さまざまな読み方 特別な読み方の言葉

106・107ページ 基本のワーク

1 ❶じゅうしゃ ❷げき ❸ぎゅうにゅう ❹ろうどく ❺いちらんひょう ❻はかせ ❼へた ❽まいご ❾ま・さお ❿めがね
2 ❶従者 ❷朗読
3 ❶ウ ❷ア ❸エ ❹イ
4 ❶うわて・カ ❷かみて・コ ❸さむけ・オ ❹かんき・サ ❺みもの・ア ❻けんぶつ・キ ❼しじょう・シ ❽いちば・イ ❾いろがみ・ク ❿しきし・エ ⓫はつひ・ケ ⓬しょにち・ウ
5 ❶ふ ❷ま ❸つめ ❹さ ❺ひ ❻と ❼し ❽ふ ❾お ❿ほそ ⓫こま
6 ❶くだもの ❷へや ❸へた ❹しみず ❺たなばた ❻けしき ❼まじめ ❽めがね ❾まいご

てびき

4 複数の読みをもつ熟語です。読みによって、意味が変わる言葉があるので、前後の内容から読み方を判断しましょう。

5 複数の訓をもつ漢字です。意味や送り仮名《がな》によって、読み方を区別しましょう。

津田梅子《つだうめこ》―― 未来をきりひらく「人」への思い

108・109ページ まとめのテスト

1 例英語教師を育てること。
2 教師と生徒、両方の熱意
3 （ただ講義を聞くのではなく、）自分の考えをもつこと。
4 例広く社会にはたらきかけることのできる、多くの人の役に立つ人になること。
5 イ
6 例困難な状況の中でも前へ前へと進み続けた人生。
7 奨学金制度・大学
8 ウ

てびき

1 1行めに「梅子《うめこ》は『女子英学塾《じょしえいがくじゅく》』を創立した。英語教師を育てるための……学校だった。」とあります。

3 6行めに「梅子は、ただ講義を聞くのではなく、生徒が自分の考えをもつことを重視した。」とあります。

4 ――②のあとに「人生を無為《い》にせず、広く社会にはたらきかけることのできる、多くの人の役に立つ人になってください。」とあることから考えます。

5 「ほこらしい」とは、「得意でじまんしたい気持ち」のことです。卒業生たちが教師として活躍《やく》していることに対して、得意に思っていることがわかります。

6 梅子の最後の日記に書いてあった「昨夜はあらし」という言葉を受けて、19行めに「困難な状況《きょう》の中でも前へ前へと進み続けた、梅子の人生を表しているようだった。」とあります。

7 21行めからの段落に、「梅子の学校は正式な『大学』となる」「力をつくしたのは、梅子が作った奨《しょう》学金制度で学んだ女性たちだった」とあります。

8 最後の文に「梅子の教育への思い、そして未来をきりひらく『人』への思いは、百年以上の時を経て、今も私たちに受けつがれている。」とあります。

薫風《くん》 まとめのテスト 110・111ページ

1 五月も半ば・花みかんの香り

2 みかん畑の広がる裏山・宝物・かくれんぼ

3 (1) 遊ぶことに夢中だったから。

(2) （順序なし）・暮れぎわの山のりょう線。
・たかぶる水の音。
・チャイムの音色〈または帰宅時間を知らせるチャイム。〉

4 (1) おじいちゃん子

(2) 東京・はぶりのよかった・しゃれ者

(3) （ちょっと）ちがう・自慢

(4) 例花みかんの風にふかれながら、祖父と手をつないで家へ帰った、子ども時代の思い出（があるから）。

5 ア

てびき

1 「この季節」という指示語（こそあど言葉）に注目し、季節感が表れている表現を、指示語より前の部分から探します。

3 (1) 直後の一文に「遊ぶことに夢中だったのだろう。」とあります。遊びに「夢中」だったので、「香り」などには注意が向かなかったのです。

(2) 「暮《く》れぎわの……子ども時代の思い出のワンピースをなしている。」という一文から読み取ります。視《し》覚（見たもの）、聴《ちょう》覚（音）、嗅《きゅう》覚（におい）と、さまざまな感覚で感じ取ったものがあげられていることに注意しましょう。

4 (1) 「おじいちゃん子」とは、祖父のことが好きで、なついている子どものことです。

(3) 「私《わたし》も、『うちのおじいちゃんは……ちがうわ……。』と自慢《まん》に思っていた」とあります。(2)で確かめたように、周りにはあまりいないようなおしゃれな人物だったので、筆者はほこらしく思っていたのです。

(4) 「花みかんの風にふかれながら……昨日のことのように思い出す。」とあります。「祖父の着物のにおい」と「花みかんの香り」は、子ども時代の思い出として強く結びついているのです。

5 文章の最後で筆者は、「薫《くん》風」には「それぞれの香り」と「思い出」があると述べています。筆者自身は、「五月の風（＝薫風）にふかれながら、会うたびに」「花みかんの風にふかれながら、祖父と手をつないで家へ帰った遠い日」を思い出すと述べています。「薫風」は、自分だけの大切な思い出と結びついたものなのです。

正岡子規《まさおかしき》 まとめのテスト 112ページ

1 漱石と子規〈または子規と漱石〉

2 （正岡）子規・奈良

3 写実的な俳句や短歌のすばらしさ。

4 知識・情景

てびき

2 直前の部分から、「体調が回復し」た子規《しき》が東京《とうきょう》にもどる時に「奈良《なら》で作った」俳《はい》句だとわかります。

3 子規は「俳句や短歌は、言葉をかざって作るものではなく、耳や目に入ってくるものを素《す》直に受け取り、表すものであると考え」、「写実的な俳句や短歌のすばらしさをうちだした」のです。

4 「子規の作品は、俳句や短歌についての知識がなくても理解でき、情景が目にうかびやすく、イメージが広がっていきます」とあります。

実力判定テスト　答えとてびき

夏休みのテスト①

1 高校生・（お）弁当
2 例みんなが持ってくる弁当とちがっていて、いやだ。
3 例みんなとちがっていて、かっこいい。
4 ウ
5 木目・弁当〈または料理、食事〉
6 イ

てびき

1 前の部分もふくめて考えます。「高校生になったら、毎日が弁当になる。それまでに、ちゃんと料理ができる人になりたい。」とあります。嘉穂《かほ》は自分で弁当を作りたいのです。

2・3 嘉穂は、祖母が作ってくれる弁当にハンバーグやウインナーが入っていないことについて、「いやなんじゃん」と言っています。明仁《あきひと》は、嘉穂の弁当には、みんなが持ってくるおかずが入っていないので、「みんなとちがうって、かっこいいじゃん。」と言っています。

4 嘉穂は、祖母が作ってくれる弁当のおかずがいやだと思っており、そういう不満の気持ちが、箸《はし》でそら豆をつつくしぐさに表れています。

5 ここで嘉穂は、「そら豆をオレンジ色の箸でつまんで、持ち上げて」います。そして、「この箸が、きれいな木目のついた木の箸だったら。」と想像して、「悪くないんじゃないか」「ちょっと、いいかも」と思ったのです。

6 嘉穂は、そら豆をゆっくりかみながら、「なじみのある味」だと感じています。明仁の言うように、木の弁当箱なら祖母の作ったおかずにも合うので、祖母の作る弁当も悪くないかもしれないと思い始めていると考えられます。

夏休みのテスト②

1 ❶ゆうびん ❷ゆうぐ ❸そうさ ❹ぞんぶん ❺ぼう・じしゃく ❻うらやま・わかば ❼しゅのう・せんげん
2 ❶探 ❷呼 ❸幼 ❹臨時 ❺預 ❻暖 ❼針葉樹・地域 ❽俳句・舌
3 ❶ウ ❷ア ❸イ
4 ❶イ ❷ア ❸ウ ❹エ
5 ❶イ ❷ア ❸ア ❹イ ❺ウ

てびき

1 ❶「ゆうべん」と読まないように気をつけましょう。❹「存分」は、「思いのまま、十分」という意味です。

2 ❻「暖かい」は気温や気候がちょうどよいさま、「温かい」は物の温度、体温がちょうどよいさまを表します。

3 ❶この文の主語は「目標は」です。「目標は」とア〜ウの言葉をつなげて考えてみましょう。アの「走りたい」は、「目標は―走りたい」となり不自然です。イの「走れる」も、「目標は―走れる」となり不自然です。ウの「走ることだ」は、「目標は―走ることだ」とつながりが自然なので、正解です。❷この文の主語は「私は」なので、主語に対応する述語を選びましょう。「がんばったね。」と言ったのは先生で、「私」は言われた側なので、「言われた」が対応する述語です。❸この文の主語は「私たちは」です。「私たちは―学んだ」が自然な対応です。

4 ❶は「安心↓感」、❷は「大↓自然」、❸は「都―道―府―県」、❹は「寒冷↓前線」という構成です。ア〜エはそれぞれ、ア「実↓社会」、イ「最大↓限」、ウ「花―鳥―風―月」、エ「天気↓予報」という構成です。

実力判定テスト 答えとてびき

冬休みのテスト①

1 降水量

2 急流・海・蒸発

3 例せまい地域に、たくさんの人びとがくらしているから。

4 (1) (順序なし) 水田・ため池・小川

(2) イ・エ

5 さばく

6 例めぐる水をもっと計画的に利用すること。

てびき

1 すぐ前に「日本は世界でも降水量が多く」とあります。雨が多いので、水が豊富にあるのです。

2 前の部分に注目します。「日本の川は急流が多く、ふった雨の多くは、あっというまに海へ流れてしまいます」とあります。あっというまに流れていってしまうので、利用できる水が少ないのです。また、「蒸発してしまう水もあります」とも述べています。

3 すぐ前に「日本はせまい地域に、たくさんの人びとがくらしています」とあります。多くの人で分け合わなくてはいけないので、一人あたりにめぐってくる水の量が少なくなるのです。

4 水田やため池、小川などがあるうちは、雨が地面にすいこまれたり、小川などにたくわえられたりしていました。しかし、それがなくなって、代わりに下水管やコンクリート、アスファルトの道路になると、雨がしみこまないので、そのまま流れていってしまいます。また、大雨になると、行《ゆ》き場のなくなった水が急に集まってくるので、小さな川がはんらんしやすくなります。

5 「まるでさばくのような気候です」と述べています。「緑」と「水」がないという点で、都市とさばくは似ていると考えたのです。

6 最後の段落に注目します。筆者は、現代の都市は、「めぐる水をもっと計画的に利用する必要」があると意見を述べています。

冬休みのテスト②

1 ❶すいそく ❷ひみつ ❸ないかくふ ❹こま
❺りっぱ・かんげき ❻かし・わす ❼てき・きぬおりもの

2 ❶看板 ❷否定 ❸法律 ❹誕生日 ❺一銭 ❻株主
❼疑問・胸 ❽宅・延期

3 ❶イ ❷ア ❸ア

4 想像・空想

5 ❶反 ❷化 ❸青

6 ❶ア・イ ❷ア ❸ア

てびき

1 ❶「推測」は、「たぶんこうだろうとおしはかること」です。❺「立派」は、「みごとな様子」を表す言葉です。

2 ❷「否定」は、「そうではないと打ち消すこと」です。❹「誕」は形に注意して書きましょう。❺「銭」は「浅」と書かないようにしましょう。❻「株主総会」は株式会社の意思決定を行う最高機関です。❽「延」はしんにょうにしないようにしましょう。

3 ❷「気ののらない」は「気がのらない」という言い方もします。しようとする気持ちが起こらないことを表す慣用句です。

4 「空想」も「想像」も、思いうかべるという意味です。「空想にふける」とは、現実にありそうにないことを思いうかべるときに使います。

5 ❶「板・飯・版」、❷「花・貨」、❸「清・晴・静」という漢字です。

6 ❶「先生」は敬意を示したい相手なので、先生の動作に対しては尊敬語のア「おっしゃった」という言い方をします。一方、「母」は家族なので尊敬語は使いません。❷「お客様」は敬意を示したい相手なので、尊敬語を使います。

実力判定テスト　答えとてびき

学年末のテスト①

1 例こいつと一緒に雨やどりをしなくてはいけない

2 (1) ウ
(2)（順序なし）
・例地面はびちょびちょで、転んだら泥まみれになってしまうだろうから。
・例雨で、髪も服もびっしょり濡れているので、早く家に帰って、服を着替えたいから。

3 ノリオの気持ち…そっぽを向いたまま
少年の気持ち…ムスッとしたまま

4 例腹が減っており、服も濡れて気持ち悪い

5 イ

てびき

1 少年が思ったのは、「なんでこいつと一緒《しょ》に雨やどりしなくちゃいけないんだ」ということです。

2 少年が決闘《とう》を再開するのはやめたいと考えた理由は、直後の三文に書かれています。これを二つにまとめましょう。

3 ハンドを認める言葉を、ノリオは「そっぽを向いたまま」言っています。それはすなおに認めたくないからです。それを聞いた少年は、「べつにいいよ。」と、「ムスッとしたまま」言いました。ノリオにおこるのも「バカらしく」なったからです。

4 少年が「腹、減ったし」と言うと、ノリオは「オレも。」と言い、さらに「服も濡《ぬ》れて気持ち悪いし」と、前半で少年が思っていたのと同じことを言っています。

5 最後の場面の二人の気持ちを読み取ります。「決闘、やめっか。」と言った少年に、ノリオは「だな。」とうなずいています。ここから、二人の気持ちがうちとけてきていることがわかります。明るくなりつつある空の情景は、それを表していると考えられます。

学年末のテスト②

1 ❶ちょめい ❷みと ❸しゅうしょく ❹れんめい ❺たまご・ぎゅうにゅう ❻すんぽう・ごさ ❼よくじつ・つくえ

2 ❶憲法 ❷訳 ❸朗読 ❹指揮者 ❺潮流 ❻一覧表 ❼幕府・改革 ❽宝・価値

3 ❶治 ❷納 ❸収 ❹修 ❺努 ❻勤 ❼務

4 ❶（順序なし）だいじ・おおごと ❷（順序なし）ひとけ・にんき

5 ❶と ❷し ❸そな ❹とも ❺なみ ❻なら

6 ❶めがね ❷けさ ❸へた ❹まじめ

てびき

1 ❶「著名」は、「名が世間に知れわたっていて有名なこと」という意味です。

2 ❸「朗読」の「朗」の右側は「月」です。「朗」には「はっきりと声を出す」という意味があります。

3 「おさめる」は、❶「統治」、❷「納税」、❸「収束」、❹「修学」などの熟語を思い出すと、意味のちがいがわかりやすくなります。「治める」は「問題のない状態にしずめる、支配する」という意味です。「納める」は「お金をはらう」という意味です。「収める」は「落ち着く、しまう」という意味です。「修める」は「学んで身に着ける」という意味です。「つとめる」は、❺「努力」、❻「通勤」、❼「任務」などの熟語を思い出して意味を考えてみましょう。「努める」は「力をつくす、努力する」という意味です。「勤める」は「働く、仕事をする」という意味です。「務める」は「ある役割や任務を受けもつ」という意味です。

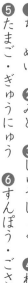

実力判定テスト 答えとてびき

漢字リレー①

1 奏
2 済ます
3 異
4 胃腸
5 展覧
6 沿う
7 裁
8 窓
9 幼い
10 宗派
11 映
12 策
13 創
14 翌晩
15 延びる
16 冊
17 装
18 裏
19 預
20 域

21 蚕
22 層
23 律
24 背筋
25 恩
26 至る
27 臓
28 臨
29 縮尺
30 我
31 姿
32 退く
33 朗
34 操縦
35 磁針
36 宅
37 推
38 拡
39 灰
40 誌

41 担
42 警視庁
43 詞
44 革
45 射る
46 誕
47 閣
48 捨てる
49 暖かい
50 衆
51 株
52 若
53 樹
54 頂
55 呼吸
56 簡
57 就
58 討論
59 著
60 看

61 収納
62 危ない
63 敵
64 遺骨
65 机
66 従う
67 党
68 揮
69 熟
70 届く
71 貴
72 純
73 乳
74 供
75 疑う
76 処
77 厳密
78 宇宙
79 署
80 脳

漢字リレー②

81 認める
82 忠誠
83 皇后陛
84 胸
85 諸
86 拝む
87 郷
88 除く
89 肺
90 勤める
91 将
92 班
93 干潮
94 系
95 承
96 否
97 障
98 俵
99 劇
100 傷

101 卵・割る
102 己
103 尊敬
104 穴
105 券
106 蒸
107 奮う
108 激痛
109 仁
110 並ぶ
111 批
112 聖
113 暮れる
114 権
115 垂れる
116 寸
117 片
118 俳優
119 憲
120 源

121 盛る
122 補う
123 閉幕
124 穀
125 泉
126 訳
127 誤る
128 舌
129 私欲
130 訪ねる
131 困難
132 孝
133 宣
134 忘れる
135 紅
136 専
137 棒
138 存亡
139 枚
140 鋼

141 降る
142 洗う
143 絹・染める
144 盟
145 砂糖
146 刻
147 銭
148 郵
149 賃
150 秘蔵
151 乱れる
152 値段
153 巻
154 宝・探す
155 善い
156 模
157 腹
158 座

3 2 1 0 9 8 7 6 5 4
* * D C B A